Todo sobre
Sexualidad Femenina

editorial kier

Gustavo Bolgeri

TODO SOBRE
SEXUALIDAD
FEMENINA

De eso ~~no~~ sí se habla

Asesor médico: Prof. Carlos Alberto Rossi

kier

100 años de Sabidurías

Bolgieri, Gustavo
    Todo sobre sexualidad femenina / Gustavo Bolgieri ; con colaboración de: Carlos Alberto Rossi - 1a ed. - Buenos Aires : Kier, 2008.
    112 p. ; 20x14 cm.

    ISBN 978-950-17-5354-7

    1. Sexualidad. I. Rossi, Carlos Alberto, colab. II. Título
    CDD 155.3

Diseño de tapa:
Asesoría Editorial
Diagramación:
Mari Suárez
Corrección:
J. Basílico
LIBRO DE EDICION ARGENTINA
ISBN: 978-950-17-5354-7
Queda hecho el depósito que marca la ley 11.723
© 2008 by Editorial Kier S.A., Buenos Aires
Av. Santa Fe 1260 (C 1059 ABT), Buenos Aires, Argentina.
Tel: (54-11) 4811-0507   Fax: (54-11) 4811-3395
http://www.kier.com.ar - E-mail: info@kier.com.ar
Impreso en la Argentina
Printed in Argentina

AGRADECIMIENTOS

Cada decisión que tomamos, por más pequeña que parezca, va formando nuestro destino, y cada instante que vivimos nos define y nos moldea como personas. Pero también lo hace lo que nos rodea, nuestro entorno físico y humano. Cada olor que percibimos, cada imagen que registramos, cada caricia que recibimos, cada sonrisa que nos regalan, cada sonido que nos transporta, cada sabor que nos embarga...

Por eso, hay cosas que nunca hubiera conseguido, lugares a los que no hubiese llegado y sensaciones que no hubiera conocido si no fuera por ustedes: María Inés y Niceto. Gracias.

PREFACIO DEL ASESOR

¡Ay, mujeres! Qué distinta sería la vida de muchas si no cargaran con tantos mandatos culturales, religiosos, mitos y tabúes.

Cómo explicar lo inexplicable, cómo decirles que pueden y deben ser felices, sentirse plenas, gozar del don maravilloso de ser mujer.

Cómo decirles que no deben dar explicaciones cuando sencillamente no hay que darlas.

Cómo decirles que el ser mujer va más allá de ser madre, esposa, hija.

Que 2000 años de cultura judeocristiana no pasan en vano sin dejar huellas y que muchos de los mandatos que hoy tenemos como sociedad se los debemos a ésta cultura, que para bien o para mal, nos ha ido transmitiendo y dejando huellas muy profundas, y que muchas veces son difíciles de sortear.

Podríamos seguir citando un sinnúmero de ideas, que conforman nuestro bagaje de mitos heredados, pero nos basta con nombrar sólo algunos:

La mujer debe ser madre

La mujer debe dar placer a su pareja (...¿y ella qué?)

La mujer se debe al hogar y sus hijos

La mujer que amamanta no puede quedar embarazada
Existen las buenas y las "otras"
La mujer se debe subordinar a su pareja

Podríamos seguir con una larga lista pero muchos de estos temas se desarrollarán en los capítulos siguientes, por lo que no quiero extenderme más allá de una enumeración a modo de ejemplo.

A lo largo de mi experiencia profesional y en numerosos talleres realizados con mujeres de todas las edades, ya sea en institutos educacionales, en sectores marginales, estudiantes, docentes, profesionales; pude ver la gran carga, la angustia que muchas mujeres manifiestan, por ejemplo, al no poder experimentar (o simplemente desconocer) lo que es un orgasmo. Recuerdo el caso de una madre que dijo no saber lo que era *eso* aún cuando ella se ganaba la vida ejerciendo la prostitución; no es una exageración, las lágrimas en los ojos de aquella meretriz daban cuenta de la veracidad de su testimonio.

Es por eso que acepté la invitación de mi amigo y colega Gustavo Bolgeri, para participar con un pequeño aporte a este libro, porque creo que la sexualidad, tanto de la mujer como del varón, es muy importante, y lamentablemente no se le está dando el lugar que merece.

Las políticas de estado en materia de sexualidad están comenzando a esbozar un rumbo: se dictó una ley de Educación Sexual pero aún no se formó a los docentes. Es decir que, en alguna medida, estamos peor que antes.

Los trabajadores del aula están prácticamente desesperados. Tienen un compromiso que cumplir pero nadie se encargó de formarlos. En nuestro país son muy pocas las personas formadas en sexología, aunque se viene trabajando en el tema desde hace muchos años. Los sexólogos siempre fueron vistos como "bichos raros", como si la sexualidad no la ejerciéramos todos. No hay apoyo de ningún tipo y lo poco que hacemos, quienes elegimos esta actividad, es a puro pulmón, dejando de lado muchas veces cuestiones personales o familiares para poder alcanzar una mejor formación profesional.

La "Educación Sexual" que hoy se profesa, por suerte, existió siempre. No con ese nombre, pero se fue transmitiendo generacionalmente a través de prejuicios y creencias. La falta de diálogo por parte de nuestros padres, así como la censura que hemos padecido como ciudadanos, han contribuido a que tengamos hoy una suerte de analfabetismo sexual.

Algunos autores la clasifican en "Educación Sexual Informal", yo diría que esa es la Educación Sexual de la Vida, la que muchas veces sin querer ni proponérnoslo, damos y recibimos, y es esa educación la que debemos cuidar y analizar para no causar daño; y en éste punto hago mías las palabras de Aller Atucha quien dice: "No tenemos la obligación de ayudar, pero si tenemos la obligación de no enfermar".

Cuántas veces hemos escuchado hablar del "órgano reproductor femenino" en lugar de hablar de "órganos genitales femeninos", quizás cabría aquí la pregunta: ¿Cuántas veces se utilizan éstos órganos para la reproducción a lo largo de nuestra vida?

En la actualidad el número de hijos se cuentan con los dedos de una mano en la mayoría de las familias, antiguamente el número de descendencia era de 10, 12 o más hijos; de esos ya no quedan, pero aún así ¿utilizamos nuestros órganos sólo para éste fin?

Entonces ¿por qué no dejamos de hablar del órgano reproductor, como aún hoy se sigue enseñando en los establecimientos educacionales?

Creo que ha llegado el momento de llamar a las cosas por su nombre, y de hablar a nuestros hijos con la mayor claridad posible, para que generaciones futuras no atraviesen por lo que varias muchachas, como diría la legendaria Tita Merello, tuvieron que atravesar.

Asiduamente las consultas les llegan a los profesionales de la salud, generalmente ginecólogos y pediatras, o a los educadores, quienes con la mejor voluntad tratan de sortear ese momento, aunque con eso no alcanza. La mayoría de ellos no ha tenido en su formación académica materias que los formen en el tema sexualidad, entonces lo que sucede es que responden a la consulta desde su "Sexosofía" (es decir desde su propia experiencia personal en la materia) y no desde el marco teórico de la Sexualidad Humana. No podemos juzgarlos, sino entenderlos, ya que recién en estos últimos años algunas casas de altos estudios han comenzado a incluir entre sus materias, ya sea en la formación de Psicólogos o Médicos, la Sexología. Y en muchos casos aún hoy se da como una materia o módulo optativo para los futuros profesionales, sin mencionar a los docentes, que recién ahora, como dijimos, están comenzando a capacitarse.

Debemos entender que la sexualidad va mucho más allá de la genitalidad; es también un diálogo, un relacionarse con el otro, y muchas veces cuando ese diálogo está ausente en las parejas, comienzan los problemas.

No podemos dejar de mencionar lo importante que es el "sexo oral" en la pareja, es decir, hablar de sexo. Precisamente por lo que expuse anteriormente, los prejuicios, las creencias, hacen que muchas mujeres no hablen de sexo con sus parejas y esperen "mágicamente" que el hombre sepa lo que ellas están necesitando, pero… ¿cómo saberlo si no se habla? Si no se dice lo que me gusta, cómo me gusta y cuándo me gusta.

Por otra parte y gracias también a esta herencia cultural, el hombre tiene sobre sus espaldas la misión de ser el responsable del orgasmo femenino, buscando en una botonera imaginaria cuál es el punto a tocar para lograr el mejor resultado.

Gracias a lo anterior es que muchas mujeres en vez de buscar ayuda profesional tratan de resolver sus problemas de alcoba en algunas revistas con títulos tan atrayentes como falaces, por ejemplo "Cómo alcanzar el orgasmo en 10 pasos" o "Siete consejos para encontrar al hombre de su vida".

No podemos ni debemos universalizar la sexualidad, es decir no se puede generalizar la respuesta para una pregunta, se debe indagar minuciosamente antes de esbozar una respuesta. Cada ser humano siente y vive la sexualidad a su manera, dicho de otro modo: lo que es válido para uno muchas veces no lo es para los demás. Existen tantas formas de expresar lo sexual como seres humanos hay sobre la faz de la tierra, y aquí tiene muchísimo que ver la cultura. Pensemos por ejemplo en las mujeres del medio oriente, vestidas con sus largas túnicas, cubiertas con sus velos que sólo dejan ver sus ojos ¿cómo harán para "seducir" sin mostrar?

Para terminar y dar paso a lo que expresará el autor, quiero dejar una reflexión final de John Money que dice: "Démonos la oportunidad de ser el hombre y la mujer que somos y que podemos ser".

Prof. Carlos A. Rossi
Especialista en Sexología Educativa

INTRODUCCIÓN

La sexualidad femenina de hoy

Cuando en los ámbitos de consulta profesional se pregunta a los pacientes sobre la educación sexual, casi todos reconocen su ausencia o falta de conceptos claros. Los obstáculos son varios, como la vergüenza y la falta de conocimiento de los adultos que tienen que transmitir dicha educación. Pero hay otro elemento que es interesante tener en cuenta, que contradice esta generalidad. Todos hemos recibido educación sexual desde el nacimiento, pero no me refiero a la hablada en forma directa, sino a los gestos, las actitudes de quienes nos criaron, las conversaciones que hemos escuchado, las opiniones de gente de nuestro entorno y los mensajes que los medios de comunicación nos han brindado. Todo esto configura una vasta educación sobre sexualidad, lo que no significa que haya sido correcta, adecuada, o que nos haya servido para ser sanos y felices en el ejercicio de la misma, sino, lamentablemente, todo lo contrario.

Todo este bagaje de información está atravesado por "la pedagogía del no", lo que genera una doble moral sexual con grandes contradicciones entre el sexo reproductivo y el placer. La mujer de hoy en día se encuentra con una mezcla de juicios cruzados, al ser criticada por gozar y también por no gozar, por mitos y tabúes que se convierten en una fábrica de angustia, logrando que la sexualidad, que tendría que ser un acto de comunicación y encuentro, termine siendo la representación de un drama con final incierto para la gran mayoría.

Como ya dijimos en el libro anterior –dedicado a la sexualidad masculina– la vida no pasa por el sexo, pero el sexo pasa por la vida y deja huellas. Les proponemos a través de este libro, brindarles nuestra experiencia y la información adecuada para que podamos transitar ese camino, de la mejor forma posible.

ÓRGANOS GENITALES
FEMENINOS

El objetivo de este libro es brindar información general sobre la sexualidad femenina y sus disfunciones; detallaremos en este capítulo los órganos genitales externos que son funcionales al tema tratado. Dichos órganos forman la vulva y están bordeados por los labios mayores, que son bastante voluminosos, carnosos y comparables orgánicamente al escroto en los varones. Estos labios que contienen glándulas sudoríparas y sebáceas; tras la pubertad, se recubren de vello.

Los labios menores se ubican dentro de los labios mayores y rodean los orificios de la vagina y la uretra. El orificio de la vagina recibe el nombre de "introito" y la zona con forma de media luna que se encuentra tras ese orificio se conoce como "horquilla vulvar". A través de diminutos conductos que están situados junto al introito, las glándulas de Bartholin, secretan un flujo (moco vaginal) que cumple la función de lubricar la vagina preparándola para la penetración cuando existe una estimulación sexual.

La uretra, que transporta la orina desde la vejiga hacia el exterior, tiene su orificio de salida delante de la vagina. Los dos labios menores tienen su punto de encuentro en el clítoris, una pequeña y sensible protuberancia, análoga al pene en el hombre, que está recubierta por una capa de piel (el prepucio) similar a la piel que se encuentra en el extremo del miembro masculino. Al igual que éste, el clítoris es muy sensible a la estimulación y puede tener erección. (Sobre este órgano, por ser el más importante en relación al placer femenino, haremos una explicación detallada más adelante).

La piel que cubre los labios mayores es similar a la del resto del cuerpo (gruesa, seca y puede descamarse); por el contrario, el revestimiento de los labios menores y la vagina es una membrana mucosa y a pesar de que sus capas internas son de estructura similar a la epidermis, su superficie se mantiene húmeda gracias al líquido de los vasos sanguíneos de las capas más profundas que atraviesan el tejido. Estos vasos sanguíneos presentes en gran cantidad, le otorgan el característico color rosado.

El orificio vaginal está rodeado por el "himen". En la mujer virgen el himen puede cubrir por completo el orificio, pero en general lo rodea como un anillo ajustado. Como el grado de ajuste varía entre las mujeres, el himen puede desgarrarse en el primer intento de mantener una relación sexual, o puede ser tan blando y flexible que no se produce desgarro alguno, como así también puede haberse desgarrado sin tener ninguna relación sexual previa, por movimientos corporales o por estar en esa situación desde el nacimiento.

Clítoris

El clítoris es el órgano sexual femenino por excelencia. En él confluyen ocho mil terminaciones nerviosas de tres procedencias distintas (pélvica, pudenda e hipogástrica). Este "botón de placer" tiene el mismo origen embrionario que el pene masculino, y es una fuente de placer primaria pues todas las mujeres necesitan de la estimulación clitoridiana, en forma directa o indirecta, para alcanzar el orgasmo.

Sobre el origen de la palabra "clítoris" aún no hay coincidencias, se dice que proviene del griego *keitoris*, aunque hay otras teorías que aseguran que es de origen egipcio, ya que *ki* se le llama a la vulva.

La única parte visible del clítoris es el "glande", el cual está rodeado por una terminación de los labios menores que constituye el prepucio o capuchón. Es la zona más sensible y mide cinco milímetros de diámetro, aunque tres cuartos de la longitud del clítoris permanecen ocultos, pues sus raíces se encuentran internamente en la entrada del conducto vaginal, por detrás de los labios mayores y menores de la vulva.

No existe el orgasmo femenino sin la intervención del clítoris. Las mujeres que dicen que sólo logran el orgasmo con la penetración, en realidad lo obtienen porque el pene roza la entrada de la vagina y toca reiteradamente con el hueso pubiano y los testículos la zona de la vulva, incluso la pequeña región que se toca en el techo del conducto vaginal sobre la entrada del mismo, el famoso "punto G", no es si no, el clítoris interno, que hace relieve sobre la vagina, cuando la mujer se encuentra excitada sexualmente.

LA RESPUESTA SEXUAL. FISIOLOGÍA Y FASES

En lo que a respuesta sexual femenina se refiere, podemos citar diversos autores, pero vamos a referirnos a la descripta por Master y Johnson, pilares fundamentales de la sexología del siglo XX.

Según la visión de Hellen Kaplan, al referirse al legado de Master y Johnson, la respuesta sexual humana consiste en una serie de actos fisiológicos cuya función es la de aprontar los órganos genitales para que se pueda llevar a cabo el acto sexual.

Si tomamos en cuenta el nivel basal (es decir el nivel de reposo) para que se puedan activar, es necesario que los órganos genitales de la mujer sufran una serie de modificaciones químicas y fisiológicas; estos cambios no se limitan sólo a los genitales. La estimulación sexual desencadena reacciones del tipo neurológico, muscular, vascular y hormonal.

Las transformaciones se deben a un aumento de sangre en la zona genital, es decir, lo que llamamos "congestión pélvica". Esta provoca la erección en el hombre, y la lubricación y dilatación en la mujer.

Podemos distinguir –según Master y Johnson– cuatro etapas sucesivas: excitación, meseta, orgasmo y resolución.

La fase de *excitación* está caracterizada por las sensaciones eróticas, las que provocan la lubricación vaginal. Dicho de otro modo, la vagina que en reposo se encuentra tensa, ligeramente húmeda y cuyo color es pálido, se convierte en un receptáculo abierto y bien lubricado para la recepción del pene; cambia su coloración, se vuelve brillante y vivaz, como si se abombara. Por otra parte, si bien es cierto que la vagina es lo suficientemente elástica para permitir el paso de la cabeza del feto en el momento del parto, también se agranda lo necesario para adherirse al pene independientemente del tamaño de éste. Teniendo en cuenta esta consideración, más el detalle de que solo el primer tercio de la vagina es el que tiene terminaciones nerviosas, cuentan como elementos suficientes para confirmar que el tamaño del pene no es importante o limitante para la sexualidad placentera.

Una vez que se inició la excitación comienza el proceso de "lubricación" de las paredes de la vagina. A medida que este proceso avanza se acelera la respiración, aumenta el ritmo cardíaco, aumenta la presión arterial, los senos comienzan a hincharse y los pezones se ponen erectos.

La fase de *excitación* lleva en la mujer mayor tiempo que en el hombre y tiene una explicación: se debe fundamentalmente a que la mujer debe reunir aproximadamente 400 cm³ de sangre para lograr la congestión pélvica; mientras que el hombre requiere aproximadamente 70 cm3; de allí que la mujer necesite "más tiempo de preparación" para llevar a cabo el acto sexual.

En esta fase el útero deja su estado o posición de reposo para "elevarse" del suelo pélvico y el tercio exterior de la vagina se dilata. Finalmente, y antes del orgasmo, el clítoris da un giro de 180° y luego se retrae.

La fase de la *meseta* es aquella en la cual la mujer permanece, una vez alcanzada la excitación y antes de que experimente su orgasmo.

Se considera al *orgasmo* como la fase más placentera del acto sexual. En esta etapa la mujer sufre una serie de contracciones de los músculos circunvaginales y del perineo, cuya característica estriba en que son rítmicas a intervalos de 0,8 segundos aproximadamente. Las investigaciones clínicas nos dicen que el orgasmo femenino puede lograrse casi siempre con la estimulación del clítoris; aunque la mayoría de las mujeres afirman que responden a una combinación de sensaciones vaginales y clitorídeas, pero al mismo tiempo este mismo grupo sostiene que la estimulación del clítoris contribuye significativamente para alcanzar el orgasmo.

Muchos autores afirman que aún durante el coito, el desencadenante del orgasmo femenino posiblemente sea la estimulación clitorídea.

La mujer, a diferencia del hombre, carece de período refractario al orgasmo (tiempo de recuperación que necesita el hombre una vez que eyaculó y perdió la erección para lograr una nueva erección). Es decir que si la mujer no se halla inhibida y si aún conserva sus genitales en la etapa de la meseta, puede volver a ser estimulada.

La *resolución* es la etapa final del ciclo de la respuesta sexual. Está caracterizada porque la respiración, el color de la piel, la tensión arterial vuelven a su estado basal, es decir todo aquello que se había preparado para el coito, vuelve a la pasividad, minutos después del orgasmo.

El clítoris vuelve a su posición normal entre los 5 y 10 seg después del orgasmo, aunque la vagina puede demorar de 10 a 15 minutos en recobrar su habitual estado de relajación y palidez. El útero desciende nuevamente en la pelvis y el color intenso de los labios disminuye entre los 5 y 10 seg. Posiblemente se deba a que la sangre se retira de la zona genital.

Todo lo enunciado hasta ahora es respecto de la respuesta sexual desde el punto de vista de lo vascular y muscular, pero nos está faltando algo no menos importante, y es la respuesta desde el punto de vista de lo neurológico y erótico.

La respuesta erótica es sumamente importante, al punto de que hay mujeres que completan su orgasmo sin que hayan tenido ningún tipo de relación sexual. Podríamos decir que no se desencadena la respuesta fisiológica sin que se haya movilizado el erotismo.

En lo que hace a lo neurológico, es sumamente complejo como para ser tratado en este libro, pero pensemos por ejemplo que todo lo que nos sucede en nuestro organismo lo "vivimos" gracias al cerebro y a las miles de terminaciones nerviosas diseminadas por todo el cuerpo. Así, por ejemplo, si nos quemamos, el órgano afectado es la piel, pero las sensaciones de dolor, ardor, etc. las sentimos gracias a nuestra maravillosa computadora llamada cerebro. Pues bien, como la respuesta sexual no escapa a este control, podríamos decir entonces y para concluir este capítulo, que el órgano responsable de las sensaciones placenteras del orgasmo no se encuentra entre las caderas, sino entre las orejas.

DISFUNCIONES SEXUALES
FEMENINAS

Para la Organización Mundial de la Salud (OMS), en su definición del año 1992, la disfunción sexual es "la dificultad o imposibilidad del individuo de participar en las relaciones sexuales tal como lo desea".

Para la sexología, además, esta definición fue sistematizada teniendo en cuenta las distintas fases de la respuesta sexual (que se detallan en el capítulo de *Respuesta Sexual Fisiológica*), reconociéndose cuatro tipos basados en el modelo de Masters & Johnson y Helen Kaplan (fase de deseo, de excitación y de orgasmo) y un área de dolor genital. Para considerar una disfunción sexual femenina (en adelante DSF), los trastornos de cada fase deben causar "distress" (se entiende como "aflicción", "malestar") personal o en la pareja. Cada una de las disfunciones pueden ser subclasificadas en simples (alteración de una sola fase) o complejas (varias fases combinadas o mixtas); primarias (desde el comienzo de la actividad sexual del individuo) o secundarias (las que aparecen en algún momento de la vida sexual) también llamadas "adquiridas". Dentro de esta última categoría, a su vez, puede ser situacional (es decir que la disfunción ocurre en alguna situación en particular o con alguna pareja y no con otra) o generalizada. Finalmente, desde el punto de vista de su origen o causa, podríamos dividirlas en: orgánicas, psicológicas o mixtas. Las estadísticas actuales indican que aproximadamente un 40 % de las mujeres en edad sexual activa sufren alguna DSF.

Descripciones

A continuación detallamos las disfunciones más comunes.

Disfunción del deseo: también llamada "deseo sexual hipoactivo o inhibido" es la ausencia o disminución persistente o recurrente de deseo y/o de fantasías sexuales y/o de receptividad para la actividad sexual.

Aversión sexual: es el rechazo a mantener una actividad sexual, en general con una pareja, manifestando repulsión, asco y fobia a la sexualidad.

Disfunción de la excitación: incapacidad persistente para lograr o mantener la excitación, que puede manifestarse en forma objetiva (sequedad vaginal, disminución de sensación y/o la congestión clitorídea y vaginal) y/o subjetiva, sin evidencias orgánicas. Dentro de esta categoría está incluida la expresión, la más común quizás, que es la "falta de lubricación".

Anorgasmia: ausencia, retraso o dificultad para lograr el orgasmo luego de una adecuada estimulación y excitación sexual.

Dispareunia: dolor genital durante la penetración peneana.

Vaginismo: espasmo involuntario de los músculos del tercio externo de la vagina que imposibilita o dificulta la penetración.

Dolor genital no coital: dolor genital que se presenta ante cualquier actividad sexual no coital.

También se considera disfunción sexual al *matrimonio no consumado.* Esta disfunción sexual está más orientada a la pareja y se presenta cuando por cualquier disfunción, tanto masculina como femenina o presente en ambos integrantes, no se ha podido desarrollar un acto sexual con penetración.

DIAGNÓSTICO Y TRATAMIENTO EN DISFUNCIONES SEXUALES

A diferencia de las disfunciones que se presentan en el hombre, que pueden diagnosticarse con herramientas básicas y luego profundizarse (solo algunos casos requieren estudios específicos); las disfunciones sexuales femeninas requieren de un enfoque más variado desde el primer momento dada su etiología múltiple, y porque además, muchas veces, representan la "punta de iceberg" de un problema mayor.

Diagnóstico

El enfoque ideal básico de diagnóstico está conformado por varios elementos. Repasaremos algunos de los mismos.

Historia clínica y psicosexual

Debe incluirse una evaluación detallada de tabaquismo, alcoholismo, drogadicción, hipertensión, diabetes, hipercolesterolemia, medicamentos que se están administrando (ansiolíticos, antidepresivos, antihipertensivos, anticonceptivos orales, quimioterápicos, etc.). También el método anticonceptivo utilizado, si posee patologías endócrinas (disfunciones tiroideas, adrenal, etc.), antecedentes quirúrgicos (particularmente pelvianos, vulvovaginales, traumatismo de parto, o aquellos que alteren la imagen corporal, por ejemplo una mastectomía). A su vez la situación hormonal: adolescencia, embarazo, posparto, lactancia, esterilidad o infertilidad, traumatismo pelviano o traumatismo vulvar (ciclismo), lesión medular o neurológica, factores psicosociales, hábitos, privacidad, ocupación, depresión, fobias, estrés. En cuanto a lo emocional se debe contemplar la relación de pareja, si existen conflictos de familia, muertes, separaciones; cómo fue el aprendizaje de la sexualidad, si tuvo una educación religiosa estricta o posee conflictos con la imagen corporal y/o la autoestima; si tiene información sexual inadecuada o insuficiente y repasar los mitos y los tabúes. Deben considerarse los factores uro-ginecológicos (infecciones, cistitis, vestibulitis, endometriosis, prolapso genital), el inicio de actividad sexual, la frecuencia coital, si existen antecedentes de abuso o violencia sexual, cómo era la función sexual previa a la percepción de la disfunción sexual declarada, y cómo es la función sexual de la pareja.

Examen físico y genito-mamario

Se debe examinar la presión arterial, el pulso, los signos y los síntomas de las patologías antes citadas. También se debe incluir el reconocimiento y análisis médico de los órganos sexuales.

Escalas de evaluación

Es recomendable evaluar al paciente por medio de los siguientes test: Índice Internacional de Función Sexual (FSFI), Escala de Distress Sexual (FSDS), test para evaluar depresión (Hamilton, Beck, Edimburgo), evaluación de la relación de pareja (Rust&Golombok), etc. Estas escalas sirven también para comparar las etapas pretratamiento y postratamiento.[1]

[1] Algunos de estos test están incluidos en el capítulo *Auto Test.*

Análisis complementarios

Deben practicarse análisis de rutina en sangre y orina, Papanicolaou y colposcopía, cultivo de flujo. Estos últimos particularmente en los casos de dolor (dispareunia y dolor genital no coital).

Análisis hormonales

Incluyen: FSH/LH, Estradiol, Prolactina, DHEA-S, testosterona libre, globulina ligadora de esteroides sexuales (GLAE o SHBG), TSH, y las que correspondan a una eventual patología endócrina. Las hormonas femeninas relacionadas con las disfunciones sexuales, particularmente alteraciones del área del deseo y de la excitación, son los andrógenos y estrógenos respectivamente.

Estudios complementarios

En esta categoría se incluyen los que se deciden en base a la experiencia del profesional tratante y de los resultados de los puntos anteriores: Ecografía Doppler de arterias clitorídeas, pletismografía vaginal. Estos estudios pueden orientarnos en la disfunción del orgasmo y de la excitación objetiva (lubricación). Los estudios neurológicos (potenciales evocados, electromiografía, RMN SNC), podrían ser útiles en la disfunción orgásmica y el dolor coital o no coital (clitorodinia, vulvodinia).

Como en toda la medicina, un buen diagnóstico es fundamental para orientar y adecuar el tratamiento óptimo y personalizarlo. En muchos casos el resultado final de este diagnóstico no coincide con el motivo de la consulta (por ejemplo se consulta por disfunción del deseo y en realidad se diagnostica una disfunción del orgasmo secundaria –reactiva– a una pareja que es eyaculador precoz).

Tratamientos

A continuación detallaremos los tratamientos más comunes.

Terapia psicosexual individual o de pareja

Importante como tratamiento primario y/o complementario, en particular ante presencia de vaginismo, aversión sexual, disfunción orgásmica, trastornos vinculares, abuso, tabúes y mitos sexuales.

Terapia psicotrópica

Drogas inhibidoras de la recaptación de serotonina, antidepresivos. Especialmente útiles en disfunciones secundarias relacionadas con estados depresivos, ansiosos, aversión sexual, fobias.

Tratamientos hormonales

Se puede realizar una terapia de reemplazo hormonal combinada:

a) Estrógenos con o sin progestágenos, particularmente en pacientes con menopausia precoz, menopausia natural o quirúrgica.

b) Estrógenos con o sin progestágenos más andrógenos (DHEA o testoterona) en pacientes con disfunción del deseo.

c) La Tibolona, de uso en postmenopausia, es un progestágeno con acción estrogénica y androgénica.

También una terapia con andrógenos[2]:

---

[2] Todos los tratamientos con andrógenos en mujeres premenopáusicas o posmenopáusicas con disfunciones deben ser adecuadamente controlados debido al riesgo de eventos adversos (cambios en los lípidos hacia un perfil aterogénico, hirsutismo, acné, clitoromegalia).

a) Testosterona. A pesar de que estas preparaciones son para utilización aprobada en hombres, existe cierta evidencia de su efecto positivo en disfunción del deseo y anorgasmia. Las estadísticas de Grupo Organic Argentina con algunas parejas de los pacientes tratados, demuestran buena reacción a una forma oral de testosterona de liberación controlada. De todas formas cualquier tratamiento de este tipo debe ser realizado bajo protocolos de investigación clínica debidamente aprobados por los correspondientes comités de ética y docencia e investigación.

b) DHEA, de 50 a 100 mg por día, vía oral en èstudios controlados.

Terapia vasoactiva oral o tópica

Esta terapia se desarrolla con drogas vasoactivas (DVA). Existen estudios aislados de experiencias exitosas con Apomorfina, Alprostadil (PGE1) tópico, Yohimbina , Fentolamina , L-arginina (local u oral) para trastornos de la fase de excitación y orgasmo. Las mismas deben recetarse en combinaciones personalizadas, según el diagnostico de cada caso.

Por otra parte no existe ninguna evidencia de efectividad en el uso de *Sildenafil* en mujeres.

Accesorios

Existe en Estados Unidos aprobado por la FDA (Food and Drug Administration) para el uso en mujeres con disfunciones sexuales de la excitación y el orgasmo un dispositivo de vacío denominado EROS que genera aumento de flujo sanguíneo hacia el clítoris. Su uso encierra las mismas dudas y riesgos que la Bomba de Vacío para el hombre.

A manera de conclusión del capítulo quisiera referir que las disfunciones sexuales femeninas afectan aproximadamente al 40% de las mujeres en edad sexual activa y son una realidad indiscutible. La participación más activa de la mujer en la sexualidad, también ha colaborado para que, en la búsqueda del placer, reconozcan los obstáculos que se les presentan y quieran resolverlos. Para lograrlo se requiere un enfoque diagnóstico adecuado (multidisciplinario). En relación al cuerpo profesional participante, en general, lo ideal es que exista la dirección y coordinación de una sexóloga clínica y la colaboración de una ginecóloga y una terapeuta psicológica. Con referencia a los tratamientos, muchos están en fase de investigación (como un spray que actuaría sobre los receptores cerebrales del deseo) y de a poco se irán logrando más alternativas, aunque el enfoque acertado es buscar la solución para cada mujer y no una pastilla mágica que resuelva el problema de todas, pues esas promesas seguirán existiendo en el mercado sin resolver nada en forma definitiva.

AUTOTEST DE SALUD SEXUAL

Presentaremos a las lectoras dos test de autoevaluación. Como en todo test, y con la ventaja de realizarlo en forma privada, es conveniente ser totalmente sinceras en las respuestas para que nos acerquen a un resultado preciso. De todas formas los test sólo deben ser considerados como orientativos o como posibles señales de alerta, para luego realizar una consulta profesional.

Primer test: Indice de Función Sexual Femenina

Publicado en el año 2000 por Rosen R. y colaboradores, el *Índice de Función Sexual Femenina* ("Female Sexual Function Index", FSFI), está basado en la interpretación clínica del análisis de los seis principales componentes: deseo, excitación, lubricación, orgasmo, satisfacción y dolor. Al final del test se explica la manera de interpretar la puntuación.

Cuestionario

A- ¿En las últimas cuatro semanas, con qué frecuencia experimentó deseo o interés sexual?

- Casi siempre o siempre   5 pts.
- Muchas veces (más de la mitad de las veces)   4 pts.
- Algunas veces (la mitad de las veces)   3 pts.
- Pocas veces (menos de la mitad de las veces)   2 pts.
- Casi nunca o nunca   1 pts.

2- En las últimas 4 semanas, ¿en qué porcentaje estima su nivel (grado) de deseo o interés sexual?

- Muy alto   5 pts.
- Alto   4 pts.
- Regular   3 pts.
- Bajo   2 pts.
- Muy bajo o nada   1 pts.

3- En las últimas 4 semanas, ¿con qué frecuencia experimentó excitación sexual durante la actividad sexual?

- Sin actividad sexual   0 pts.
- Casi siempre o siempre   5 pts.
- Muchas veces (más de la mitad de las veces)   4 pts.
- Algunas veces (la mitad de las veces)   3 pts.
- Pocas veces (menos de la mitad de las veces)   2 pts.
- Casi nunca o nunca   1 pts.

4- En las últimas 4 semanas, ¿en qué porcentaje estima su nivel de excitación sexual durante la actividad sexual?

- Sin actividad sexual   0 pts.
- Muy alto   5 pts.

- Alto   4 pts.
- Moderado   3 pts.
- Bajo   2 pts.
- Muy bajo o nada   1 pts.

5- En las últimas 4 semanas, ¿qué confianza tiene de poder lograr excitación sexual durante la actividad sexual?

- Sin actividad sexual   0 pts.
- Muy alta confianza   5 pts.
- Alta confianza   4 pts.
- Moderada confianza   3 pts.
- Baja confianza   2 pts.
- Muy baja o sin confianza   1 pts.

6- En las últimas 4 semanas, ¿con qué frecuencia ha satisfecho su excitación durante la actividad sexual?

- Sin actividad sexual   0 pts.
- Casi siempre o siempre   5 pts.
- Muchas veces (más de la mitad de las veces)   4 pts.
- Algunas veces (la mitad de las veces)   3 pts.
- Pocas veces (menos de la mitad de las veces) 2 pts.
- Casi nunca o nunca   1 pts.

7- En las últimas 4 semanas, ¿con qué frecuencia se ha lubricado (húmedo o mojado) durante la actividad sexual?

- Sin actividad sexual   0 pts.
- Casi siempre o siempre   5 pts.

- Muchas veces (más de la mitad de las veces) 4 pts.
- Algunas veces (la mitad de las veces) 3 pts.
- Pocas veces (menos de la mitad de las veces) 2 pts.
- Casi nunca o nunca 1 pts.

8- En las últimas 4 semanas ¿cuán difícil fue lubricarse (mojarse) durante la actividad sexual?

- Sin actividad sexual 0 pts.
- Extremadamente difícil o imposible 1 pts.
- Muy difícil 2 pts.
- Difícil 3 pts.
- Levemente difícil 4 pts.
- Sin dificultad 5 pts.

9- En las últimas 4 semanas ¿con qué frecuencia mantiene la lubricación hasta completar la actividad sexual?

- Sin actividad sexual 0 pts.
- Casi siempre o siempre 5 pts.
- Muchas veces (más de la mitad de las veces) 4 pts.
- Algunas veces (la mitad de las veces) 3 pts.
- Pocas veces (menos de la mitad de las veces) 2 pts.
- Casi nunca o nunca 1 pts.

10- En las últimas 4 semanas ¿cuán difícil fue mantener su lubricación hasta completar la actividad sexual?

- Sin actividad sexual 0 pts.
- Extremadamente difícil o imposible 1 pts.

- Muy difícil   2 pts.
- Difícil   3 pts.
- Levemente difícil   4 pts.
- Sin dificultad   5 pts.

11- En las últimas 4 semanas, cuando ha tenido estimulación sexual ¿con qué frecuencia logra el orgasmo (clímax)?

- Sin actividad sexual   0 pts.
- Casi siempre o siempre   5 pts.
- Muchas veces (más de la mitad de las veces)   4 pts.
- Algunas veces (la mitad de las veces)   3 pts.
- Pocas veces (menos de la mitad de las veces)   2 pts.
- Casi nunca o nunca   1 pts.

12- En las últimas 4 semanas, cuando ha tenido estimulación sexual ¿cuán difícil fue lograr el orgasmo (clímax)?

- Sin actividad sexual   0 pts.
- Extremadamente difícil o imposible   1 pts.
- Muy difícil   2 pts.
- Difícil   3 pts.
- Levemente difícil   4 pts.
- Sin dificultad   5 pts.

13- En las últimas 4 semanas ¿cuán satisfecha estuvo con su habilidad para lograr el orgasmo durante la actividad sexual?

- Sin actividad sexual   0 pts.
- Muy satisfecha   5 pts.

- Moderadamente satisfecha   4 pts.
- Igualmente satisfecha e insatisfecha   3 pts.
- Moderadamente insatisfecha   2 pts.
- Muy insatisfecha   1 pts.

14- En las últimas 4 semanas, ¿cuán satisfecha estuvo con el acercamiento emocional durante la actividad sexual entre usted y su pareja?

- Sin actividad sexual   0 pts.
- Muy satisfecha   5 pts.
- Moderadamente satisfecha   4 pts.
- Igualmente satisfecha e insatisfecha   3 pts.
- Moderadamente insatisfecha   2 pts.
- Muy insatisfecha   1 pts.

15- En las últimas 4 semanas, ¿cuán satisfecha ha estado con la relación sexual con su pareja?

- Muy satisfecha   5 pts.
- Moderadamente satisfecha   4 pts.
- Igualmente satisfecha e insatisfecha   3 pts.
- Moderadamente insatisfecha   2 pts.
- Muy insatisfecha   1 pts.

16- En las últimas 4 semanas ¿cuán satisfecha ha estado con su vida sexual en general?

- Muy satisfecha   5 pts.
- Moderadamente satisfecha   4 pts.

- Igualmente satisfecha e insatisfecha   3 pts.
- Moderadamente insatisfecha   2 pts.
- Muy insatisfecha   1 pts.

17- En las últimas 4 semanas, ¿con qué frecuencia experimentó dolor o molestias durante la penetración vaginal?

- Sin actividad sexual   0 pts.
- Casi siempre o siempre   1 pts.
- Muchas veces (más de la mitad de las veces)   2 pts.
- Algunas veces (la mitad de las veces)   3 pts.
- Pocas veces (menos de la mitad de las veces)   4 pts.
- Casi nunca o nunca   5 pts.

18- En las últimas 4 semanas, ¿con qué frecuencia experimentó dolor o molestias después de la penetración vaginal?

- Sin actividad sexual   0 pts.
- Casi siempre o siempre   1 pts.
- Muchas veces (más de la mitad de las veces)   2 pts.
- Algunas veces (la mitad de las veces)   3 pts.
- Pocas veces (menos de la mitad de las veces)   4 pts.
- Casi nunca o nunca   5 pts.

19- En las últimas 4 semanas ¿con qué porcentaje usted valora su molestias o dolor durante o después de la penetración vaginal?

- Sin actividad sexual   0 pts.
- Muy alto   1 pts.

- Alto   2 pts.
- Regular   3 pts.
- Bajo   4 pts.
- Muy bajo o nada   5 pts.

Tabla de puntuación

Se obtiene la puntuación individual y se suman a los demás del mismo dominio, multiplicando por el factor correspondiente. La escala total se obtiene sumando los puntajes obtenidos de los 6 dominios. Un puntaje de 0 en un dominio indica ninguna actividad sexual en el último mes.

Dominio	Preguntas	Factor	Puntaje mínimo	Puntaje máximo
Deseo	1, 2	0,6	1,2	6,0
Excitación	3, 4, 5, 6	0,3	0	6,0
Lubricación	7, 8, 9, 10	0,3	0	6,0
Orgasmo	11, 12, 13	0,4	0	6,0
Satisfacción	14, 15, 16	0,4	0	6,0
Dolor	17, 18, 19	0,4	0	6,0

Pongamos un ejemplo con el dominio referido al dolor. Si la puntuación de las preguntas de este dominio fuera la siguiente:

Pregunta 17   4 pts.
Pregunta 18   3 pts.
Pregunta 19   4 pts.

El total de la suma es de 11 pts. Este resultado parcial se multiplica por el factor del dominio dolor, que en este caso es 0,4. Entonces:

Total dominio dolor = 4,4

Así como con este dominio de preguntas relacionadas al dolor nos dio como resultado del ejemplo 4,4 para llegar al resultado final, hay que sumar el resultado de todos los dominios.

Valoraciones

- Si el puntaje o valor total sumado de todos los dominios es mayor a 25 (de 25 a 36) no existen evidencias de disfunción sexual.
- Si el puntaje total se encuentra entre 20 y 25 se está manifestando una disfunción sexual inicial o leve.
- Si el valor total es menor a 20 existen evidencias de disfunción sexual en curso.

Segundo test: Test de Beck o Inventario de depresión

La depresión es un mal de nuestra época que aparece con mayor frecuencia en las mujeres; y configura, por supuesto, uno de los orígenes psicológicos más frecuentes en las disfunciones sexuales.

El siguiente cuestionario evalúa el grado de depresión que puede tener una persona. Se compone de 21 grupos de frases. Dentro de cada grupo se debe optar por una sola respuesta; aquella que defina mejor cómo nos hemos sentido a lo largo de la última semana al momento de realizar el test.

Al igual que en el primer test, para llegar a los resultados se debe sumar la puntuación correspondiente, que en este caso se encuentra al principio de cada frase. Al final del test figuran las valoraciones correspondientes.

Cuestionario

A. Tristeza

> 0. No me siento triste.
>
> 1. Me siento triste.
>
> 2. Me siento triste continuamente y no puedo dejar de estarlo.
>
> 3. Me siento tan triste o desgraciado que no puedo soportarlo.

B. Pesimismo

> 0. No me siento especialmente desanimado de cara al futuro.
>
> 1. Me siento desanimado de cara al futuro.
>
> 2. Siento que no hay nada por lo que luchar.
>
> 3. El futuro es desesperanzador y las cosas no mejorarán.

C. Sensación de fracaso

> 0. No me siento fracasado.
>
> 1. He fracasado más que la mayoría de las personas.
>
> 2. Cuando miro hacia atrás lo único que veo es un fracaso tras otro.
>
> 3. Soy un fracaso total como persona.

D. Insatisfacción

0. Las cosas me satisfacen tanto como antes.
1. No disfruto de las cosas tanto como antes.
2. Ya no obtengo ninguna satisfacción de las cosas.
3. Estoy insatisfecho o aburrido con respecto a todo.

E. Culpa

0. No me siento especialmente culpable.
1. Me siento culpable en bastantes ocasiones.
2. Me siento culpable en la mayoría de las ocasiones.
3. Me siento culpable constantemente.

F. Expectativas de castigo

0. No creo que esté siendo castigado.
1. Siento que quizás esté siendo castigado.
2. Espero ser castigado.
3. Siento que estoy siendo castigado.

G. Autodesprecio

0. No estoy descontento de mí mismo.
1. Estoy descontento de mí mismo.
2. Estoy a disgusto conmigo mismo.
3. Me detesto.

H. Autoacusación

0. No me considero peor que cualquier otro.
1. Me autocritico por mi debilidad o por mis errores.
2. Continuamente me culpo por mis faltas.
3. Me culpo por todo lo malo que sucede.

I. Idea suicidas

0. No tengo ningún pensamiento suicidia.
1. A veces pienso en suicidarme, pero no lo haré.
2. Desearía poner fin a mi vida.
3. Me suicidaría si tuviese oportunidad.

J. Episodios de llanto

0. No lloro más de lo normal.
1. Ahora lloro más que antes.
2. Lloro continuamente.
3. No puedo dejar de llorar aunque me lo proponga.

K. Irritabilidad

0. No estoy especialmente irritado/a.
1. Me molesto o irrito más fácilmente que antes.
2. Me siento irritado/a continuamente.
3. Ahora no me irritan en absoluto cosas que antes me molestaban.

L. Retirada social

0. No he perdido el interés por los demás.
1. Estoy menos interesado en los demás que antes.
2. He perdido gran parte del interés por los demás.
3. He perdido todo interés por los demás.

M. Indecisión

0. Tomo mis propias decisiones igual que antes.
1. Evito tomar decisiones más que antes.
2. Tomar decisiones me resulta mucho más difícil que antes.
3. Me es imposible tomar decisiones.

N. Cambios en la imagen corporal.

0. No creo tener peor aspecto que antes
1. Estoy preocupado porque parezco envejecido/a y poco atractivo/a.
2. Noto cambios constantes en mi aspecto físico que me hacen parecer poco atractivo/a.
3. Creo que tengo un aspecto horrible.

O. Enlentecimiento

0. Trabajo igual que antes.
1. Me cuesta más esfuerzo de lo habitual comenzar a hacer algo.
2. Tengo que obligarme a mí mismo/a para hacer algo.
3. Soy incapaz de llevar a cabo ninguna tarea.

P. Insomnio

    0. Duermo tan bien como siempre.

    1. No duermo tan bien como antes.

    2. Me despierto una o dos horas antes de lo habitual y ya no puedo volver a dormirme.

    3. Me despierto varias horas antes de lo habitual y ya no puedo volver a dormirme.

Q. Fatigabilidad

    0. No me siento más cansado/a de lo normal.

    1. Me canso más que antes.

    2. Me canso en cuanto hago cualquier cosa.

    3. Estoy demasiado cansado/a para hacer nada.

R. Pérdida de apetito

    0. Mi apetito no ha disminuido.

    1. No tengo tan buen apetito como antes.

    2. Ahora tengo mucho menos apetito.

    3. He perdido completamente el apetito.

S. Pérdida de peso

    0. No he perdido peso últimamente.

    1. He perdido más de 2 kg.

    2. He perdido más de 4 kg.

    3. He perdido más de 7 kg.

T. Preocupaciones somáticas

0. No estoy preocupado por mi salud.
1. Me preocupan los problemas físicos como dolores, malestar de estómago, catarros, etc.
2. Me preocupan las enfermedades y me resulta difícil pensar en otras cosas.
3. Estoy tan preocupado por las enfermedades que soy incapaz de pensar en otras cosas.

U. Bajo nivel de energía

0. No he observado ningún cambio en mi interés por el sexo.
1. La relación sexual me atrae menos que antes.
2. Estoy mucho menos interesado/a por el sexo que antes.
3. He perdido totalmente el interés sexual.

Resultados

5 - 9   Existencia de altibajos que se consideran normales.
10 - 18   Depresión entre leve y moderada.
19 - 29   Depresión entre moderada y severa.
30 - 63   Depresión severa.

Si se obtienen puntuaciones inferiores a cuatro existe la posibilidad de que se esté negando la existencia de una depresión o fingiendo estar bien. Se trata de una puntuación que está por debajo de la obtenida por personas normales, no deprimidas.

Las puntuaciones por encima de 40 son más altas que las que suelen obtener incluso las personas con depresión severa.

Indica una posible exageración de la depresión o la posibilidad de que exista algún trastorno de personalidad, no obstante es posible que existan niveles significativos de depresión.

AUTOESTIMA, ESTÉTICA Y COMUNICACIÓN

Uno de los orígenes de la inseguridad sexual se relaciona en forma directa con las expectativas y los mandatos de la cultura relativos a lo que "debería suceder" durante el sexo o cómo "tienen que ser las cosas". Los medios de comunicación y la publicidad nos bombardean con mensajes que dictan cómo "debería ser" el cuerpo de una mujer o de un hombre para ser atractivos y deseables, y, también, sugieren cómo es una relación sexual "perfecta". Esta presión social es una de las causas más importantes de las dudas y las inseguridades, junto a las altas expectativas que depositamos sobre nuestro funcionamiento y las relaciones. Por eso se aprecia un desfasaje entre lo que la mujer fantasea o toma como parámetros (por ejemplo, una película pornográfica) y lo que después vive en la relación normal, transformando esas expectativas y autoexigencias en inseguridad y falta de placer.

También existe otra causa muy importante, que tiene que ver con la dificultad para interpretar y respetar los ritmos naturales de los procesos y de los vínculos.

Muchos hombres creen que deben tener relaciones sexuales con cualquier mujer disponible, por una imposición del machismo, dejando de lado si le agrada, qué tipo de vínculo se puede generar, alimentar el intercambio, etc. En la mujer pasa todo lo contrario y, lógicamente, ante estas situaciones es posible que su cuerpo no responda y se termine en un "desencuentro", pues debemos decir una vez más que el principal órgano sexual es el cerebro.

Otra de las causas fundamentales de la inseguridad es la falta de comunicación. Muchas parejas (estables u ocasionales) no suelen hablar de sexo, de sus necesidades, de sus fantasías, esperando que el otro adivine lo que quiere o lo que le gusta a cada uno, y esta situación conduce a pensar: "¿por qué no me acaricia donde yo quiero?" o "¿por qué no me hace lo que me gustaría que me hagan?", y luego deviene la frustración o el enojo, que son fáciles de transmitir, generando una sensación de insatisfacción propia y ajena.

Tanto hombres como mujeres deben entender que hablar de las necesidades sexuales, emocionales o de otra índole, puede ayudar a satisfacerlas sin necesidad de sentir que estamos haciendo algo mal, aunque el otro nos esté indicando el cómo.

Cada persona es única y le gustan cosas distintas. El juego en pareja se trata de conocerse y disfrutarse. Por lo tanto es necesario hablar, sin herir ni descalificar al otro.

A menudo la inseguridad denota una carencia, una situación específica en la que sentimos que no tenemos los recursos para satisfacer ciertas expectativas, tanto propias como de la otra persona.

Cuando alguien está en pareja, estas inseguridades mutuas comienzan a jugar una relación entre ellas. Se genera una especie de equilibrio (no siempre saludable) en el que la inseguridad de uno, se ve potenciada o suavizada por la seguridad o inseguridad del otro. Si ambas personas ven lo que está sucediendo, es posible cambiar el patrón de relación; pero si no, puede convertirse en un problema crónico donde cada vez resulte más difícil dar el primer paso para sincerarse.

CÁNCER DE MAMA Y SEXUALIDAD

El cáncer de mama es el tumor más frecuente en las mujeres. Lamentablemente uno de los efectos secundarios menos comentado que acarrea este mal y su tratamiento, es el que se produce sobre la sexualidad femenina. Cuando se lo padece, luego de los avatares que suponen la detección, el diagnóstico y el tratamiento, se abre una nueva etapa vital en la que es necesario enfrentarse al trauma que supone la aceptación de una nueva imagen corporal y sus consecuencias sobre la calidad de vida.

Desde los primeros tiempos de la historia, la imagen de los pechos femeninos siempre ha estado asociada con la feminidad y la fertilidad. En nuestro tiempo, sin embargo, dicha imagen esta cargada de connotaciones sexuales y se encuentra muy relacionada con la estética y la autoestima, al punto que en la actualidad el aumento mamario es la cirugía estética número uno a nivel mundial en cantidad de intervenciones.

Por todo esto, es comprensible que cuando se tiene que recurrir a una *masectomia* (cirugía conservadora que quita la mama) se sufra una alteración radical de la percepción que tiene la mujer de su imagen corporal. En algunos casos y en base al relato de muchas pacientes, se ve comprometido el propio sentimiento de feminidad y se tiene la sensación de pérdida de atractivo físico y de la capacidad de gustar.

A su vez hay que añadir los efectos secundarios de algunos de los tratamientos como la quimioterapia o la hormonoterapia que pueden producir pérdida del cabello o de la menstruación. Es habitual que luego de estas intervenciones se haga hincapié en los aspectos puramente médicos relacionados con la recuperación o los controles periódicos, pero existe la queja frecuente de que casi nadie ofrece una información suficiente y adecuada sobre cuestiones cotidianas e inmediatas como las relacionadas a la sexualidad. Por otra parte se estima que más del 50% de las mujeres operadas por cáncer de mama sufren disfunciones sexuales.

En general, algunos problemas (como puede ser la falta de lubricación durante la etapa de hormonoterapia) se resuelven momentáneamente con el uso de algún lubricante y luego de terminar ese tratamiento se recupera la normalidad. Otras consecuencias sexuales, como las que afectan a la fertilidad, dependerán de cada caso en particular.

Las recomendaciones que se pueden dar en general son: a) recurrir a grupos de apoyo y psico-oncología; b) establecer un alto grado de comunicación (tanto con los profesionales, para que no falte ninguna información, como con la pareja, para expresar dudas y miedos; y c) asesorarse con un profesional sexólogo.

Para la prevención del cáncer de mama tenemos que hacer hincapié en la detección precoz. El modo más sencillo de realizarla es la autoexploración en búsqueda de bultos o anormalidades realizada en forma periódica. Sin embargo, a partir de los 45 ó 50 años, y hasta los 70, deben realizarse mamografías anuales ya que este estudio permite detectar tumores antes de que estos sean suficientemente grandes como para palparlos.

Es importante saber y tener en cuenta que los principales factores de riesgo existentes hoy en día corresponden a la predisposición familiar (cerca del 10% de los casos de este tipo de cáncer son de carácter hereditario) y al uso de anticonceptivos basados en hormonas.

ANTICONCEPCIÓN Y PREVENCIÓN

Como inicio del presente capítulo vale aclarar que independientemente del tema de anticoncepción, el preservativo es la herramienta más eficaz para la prevención de enfermedades de transmisión sexual incluyendo, además de la penetración vaginal, todas las actividades sexuales donde exista contacto físico y posibilidad de intercambio de fluidos. Ingresando en el tema de los anticonceptivos, y para hacer más amena su lectura (y que sirva como un ágil repaso para los lectores que ya tengan la información suficiente), redactaremos el texto utilizando preguntas y respuestas.

No es el objetivo principal del presente libro, considerando que cada persona requiere un asesoramiento personalizado, sólo informaremos sobre los detalles de cada método. Para ello se debe consultar un ginecólogo profesional o especialista en salud sexual, que además recomendará la conveniencia de su uso, variando el momento, la edad, la condición clínica y los objetivos de cada persona.

- ¿Cuántos tipos de anticonceptivos existen?

Existen varios métodos. Repasemos algunos.

Método de lactancia amenorrea (mela): la lactancia materna produce ciertos cambios hormonales que, en determinadas circunstancias, pueden utilizarse como método anticonceptivo. Para que la lactancia produzca anticoncepción segura, se deben cumplir ciertos requisitos y condiciones como:

- Lactancia materna exclusiva (sólo pecho, sin agua, jugos, otras leches u otros líquidos).
- De día y de noche (no más de 4 horas de intervalo durante el día y 6 horas durante la noche, entre tomas).
- Hasta los 6 meses de edad.
- Siempre y cuando la madre no haya vuelto a menstruar.

Cuando estas condiciones se cumplen estrictamente, el riesgo de un nuevo embarazo es similar al de la utilización de los mejores métodos. Pero cuando alguna de ellas desaparece, se hace necesaria una consulta inmediata a fin de recibir información para evitar un nuevo embarazo.

Este método no previene el contagio del Sida ni de otras enfermedades de transmisión sexual (ETS).

Método de abstinencia periódica: se basan en abstenerse de tener relaciones sexuales durante los días en que la mujer es fértil. Requieren de mucha disciplina para aprender los cambios del propio cuerpo que caracterizan los días fértiles, y para mantener la abstinencia durante los mismos. Entre ellos están:

- *Ogino Knaus.* Consiste en contabilizar todos los ciclos menstruales durante un año. Luego se le debe restar 18 al ciclo más corto y 11 al más largo. Así se obtiene el período en que se debe guardar abstinencia: no se deben tener relaciones sexuales entre los días 6 y 24 de los ciclos. Su efectividad es baja, ya que los espermatozoides pueden vivir en el cuello uterino hasta 7 días, lo que hace posible que aún durante su menstruación una mujer quede embarazada. Además puede haber un ciclo irregular que adelante o retrase la ovulación más allá de lo esperado.

- *Temperatura basal.* La temperatura basal de la mujer aumenta alrededor de medio grado después de la ovulación, por la acción de las hormonas. A partir de ese momento y por 2 ó 3 días más se considera el período fértil por lo que deberá abstenerse de mantener relaciones sexuales desde el inicio de la menstruación hasta el tercer día posterior al aumento de la temperatura.

  El método exige mucha constancia para tomar los registros de la temperatura ya que ésta debe ser rectal, todos los días, al despertarse, antes de levantarse y sin moverse. Es un método cuya eficacia es relativa, ya que la temperatura se puede modificar por factores ajenos a la ovulación.

Métodos de barrera: son aquellos que impiden la llegada de los espermatozoides al óvulo evitando así que haya fecundación. Los mismos son tres:

- *Preservativo masculino.* Es de látex. Debe ser colocado desde el inicio de la relación sexual. Se desenrolla hasta la base del pene, que debe estar erecto. Se debe dejar un espacio libre y sin aire en la punta del preservativo, para recoger el semen en el momento de la eyaculación, impidiendo que los espermatozoides ingresen al aparato genital femenino. Debe ser utilizado en todas las relaciones sexuales, debiendo retirarse de la vagina antes que el pene pierda su estado de erección cuidando que no se escurra semen por la base. Nunca se debe reutilizar un preservativo. Es un método bastante seguro, pero fundamentalmente es el único que ha demostrado ser efectivo para prevenir la transmisión del Sida y otras ETS.

- *Preservativo femenino.* Es una funda de poliuretano lubricado, más amplia que el condón, que se coloca la mujer dentro de la vagina. Consta además de dos anillos que lo mantienen desplegado: uno en el fondo de la vagina en contacto con el cuello uterino, y otro por fuera sobre los labios de la vulva. Se coloca antes de la penetración y se retira ni bien termina el coito. Ayuda a prevenir el Sida y otras ETS.

- *Diafragma.* Es un dispositivo circular con un piso de látex. Tiene un aro flexible que luego de colocado lo mantiene en su lugar a modo de capuchón sobre el cuello uterino. Viene en distintos tamaños, por lo que el ginecólogo debe recomendar la medida que se debe comprar y la crema o jalea espermicida con la que se usa. Su eficacia es similar al preservativo pero no protege del Sida ni otras ETS.

Métodos hormonales: actúan inhibiendo la ovulación, por lo que son los anticonceptivos más eficaces. Los más difundidos son las pastillas anticonceptivas y los inyectables, aunque existen otras vías de administración (anillos vaginales, parches, etc.). No protegen del Sida ni de otras ETS.

- Orales. Los anticonceptivos orales están compuestos por hormonas similares a las que naturalmente tiene la mujer. Se presentan en envases de 21 ó 28 grageas, debiendo tomarse a partir del primer día de la menstruación siguiendo las indicaciones del médico. Al terminar el envase en el caso de contener 21 grageas, se descansa 7 días. En este período se producirá la menstruación, debiendo iniciar un nuevo envase al octavo día. En caso de tener 28 grageas, debe terminarse un envase e iniciar de inmediato uno nuevo. Los anticonceptivos orales tienen otros beneficios adicionales, como disminuir el riesgo de cáncer de ovario y endometrio y la posibilidad de anemia. También mejoran los dolores menstruales, y algunos pueden mejorar el acné. No producen ningún tipo de problema en futuros embarazos.

- Inyectables mensuales. Los inyectables modernos se aplican el primer día de la menstruación y luego cada mes en la misma fecha.

Métodos mecánicos: los mismos son pequeños objetos que se introducen en el útero. Cabe la aclaración que algunos autores los incluyen dentro de la categoría "de barrera". Principalmente cuentan tienen 3 efectos: a) dificultar el paso de los espermatozoides hacia las trompas, b) aumentar la movilidad de éstas, dificultando la fecundación, y c) impedir la anidación del óvulo, suponiendo que hubiese fecundación. Entre estos métodos podemos identificar:

- *Dispositivo intrauterino (DIU).* Se lo conoce también como espiral. Es un pequeño objeto de plástico cuya forma más frecuente es la de una T, y tiene enrollado cobre en su rama vertical. El cobre dentro del útero mata los espermatozoides, impidiendo su ascenso y evitando la fecundación. Debe ser colocado por el médico, quien además deberá controlarlo en forma periódica. Puede presentar trastornos, como sangrados e infecciones. Es el médico quien lo retira, y la mujer recupera enseguida la capacidad para embarazarse. No evita el contagio del Sida ni de otras ETS.

- *Endoceptivo.* Es una novedosa forma de anticoncepción que ofrece la más alta eficacia anticonceptiva durante 5 años. Se trata de un pequeño sistema que, colocado por el médico dentro del útero, libera pequeñas cantidades de una hormona llamada *levonorgestrel.* Esta sustancia actúa a nivel local produciendo una serie de cambios en el moco cervical y el endometrio que inhibe la movilidad de los espermatozoides impidiendo que asciendan por el útero hacia el óvulo. Además de su alta eficacia anticonceptiva, el endoceptivo reduce la duración e intensidad del sangrado, así como también el dolor menstrual. Una vez retirado del útero, la fertilidad se recupera rápidamente. No protege del Sida ni de otras ETS.

Métodos químicos: son sustancias espermicidas, es decir que destruyen el espermatozoide en la vagina para que no pueda llegar al óvulo. Vienen en forma de cremas, óvulos, esponjas o jaleas. No se recomienda usarlos solos, porque de esta manera su efectividad es muy baja, sino simultáneamente con un método de barrera (ya sea diafragma o preservativo). Hay que colocarse el espermicida en cada relación sexual. No protegen del Sida ni de otras ETS.

Métodos quirúrgicos: son la vasectomía para el varón y la ligadura de trompas para la mujer. Se los considera métodos definitivos, es decir irreversibles, pero en la actualidad con el avance de las técnicas microquirúrgicas se ha logrado revertirlos en algún porcentaje. Es un buen método indicado para parejas que no desean tener más hijos. En nuestro país no están permitidos (excepto en casos puntuales). No protegen del Sida ni de otras ETS.

- **¿El coito interrumpido es seguro?**

No. Implica un riesgo de alto grado, pues existe una primera parte de la eyaculación que es casi imperceptible para muchos varones. Además si se eyacula cerca de la vagina, y según los movimientos corporales que se realicen, parte del semen puede introducirse en el canal vaginal.

- **¿En qué consisten los métodos naturales?**

Los métodos naturales tratan de evitar la gestación pero sin alterar las condiciones naturales que la posibilitan.

- **¿Cuál es el método más adecuado para un primer encuentro sexual?**

El método más recomendable es el preservativo, dado que previene las enfermedades de transmisión sexual y es un efectivo método anticonceptivo.

- **¿Cuál es el grado de efectividad del anillo vaginal?**

El mismo tiene la mitad de hormonas que los conceptivos orales y su fiabilidad es del 99,7%.

- **¿En qué consiste la píldora del día después? ¿Es un anticonceptivo que se puede usar en forma normal?**

La píldora anticonceptiva de emergencia, comúnmente llamada "del día después" es un método usado para prevenir embarazos no deseados dentro de un máximo de 72 hs posteriores a la relación sexual. Si se ingiere dentro de las 24 hs, su eficacia llega al 95%, mientras que si se toma dentro de las 48 a 72 hs su efecto positivo baja al 85% aproximadamente. No debe considerarse un anticonceptivo normal y hay que tener en cuenta la siguiente información para su utilización:

- Está compuesta por altas dosis de una hormona similar a la que produce la mujer en los ovarios y actúa inhibiendo la ovulación, dificultando la fecundación y, en el caso de que esta se produzca, evitando la implantación del ovulo fecundado en el útero; por lo tanto actúa "evitando" que el embarazo se concrete, no sirve de nada tomarla cuando ya está en curso. En consecuencia, no es una píldora abortiva.

- Debe utilizarse bajo supervisión médica y produce efectos secundarios leves como náuseas, vómitos, mareos, fatiga, dolor abdominal o irregularidades en la menstruación.

- No debe ser utilizado cuando se tienen antecedentes propios o familiares de trombosis (aparición de coágulos en las extremidades) o problemas hepáticos.

- No debe ser considerado como un método anticonceptivo habitual y debe ser utilizado únicamente ante situaciones tales como: relación sexual sin protección, rotura del preservativo, olvido de ingesta del tratamiento anticonceptivo, etc.

USO DEL PRESERVATIVO

El profiláctico se creó para prevenir enfermedades de transmisión sexual y embarazos, por lo que en las primeras épocas de uso, y más allá de la vergüenza que significaba el instante de adquirirlo, estaba directamente vinculado al placer y a la preparación para un buen momento de sexo. Con el paso del tiempo y la aparición del Sida, las connotaciones de su utilización se volvieron más dramáticas. Además no podemos dejar de destacar que las mujeres de hoy, son las que llevan el profiláctico en la cartera, pues tomaron conciencia de la necesidad del cuidado y del hecho de que muchos hombres se niegan a usarlo. Esta posición de la mujer le da al varón la primera excusa para sentirse incómodo ante el requerimiento de su uso, razonando que si la mujer se lo pide es porque cree que él puede estar contagiado o porque ella puede estarlo, y experimenta ambas circunstancias con un desencanto erótico o como críticas para el inicio del contacto íntimo.

También existen una serie de excusas físicas o situacionales como: que es muy difícil ponérselo, que interrumpe el juego amoroso, que anula la espontaneidad, que aprieta, que disminuye el placer, que los virus lo pueden atravesar, que impide eyacular, que hace perder la erección, que si se sale se puede perder en el interior de la mujer y, en los casos de eyaculación precoz, muchos pacientes refieren que tienen miedo de eyacular mientras que se lo colocan. Lamentablemente a la mujer le toca lidiar con todos estos obstáculos, especialmente cuando se habla de varones de más de treinta años, pero aun así, deben ser insistentes en la necesidad de su utilización. Para ello citamos a continuación algunos consejos y precauciones para tener en cuenta como "promotoras" de su colocación:

- No ajustarlo demasiado, siempre dejar un espacio en la punta (la gran mayoría viene con un pequeño depósito en el extremo).

- Si se pierde la erección y se sale, no volver a usarlo, emplear uno nuevo.

- Nunca realizar una penetración anal y en forma seguida la vaginal si se usa el mismo profiláctico, se pueden llevar bacterias del medio rectal y producir una infección.

- Tratar de ver la colocación como un juego, incluso lo puede hacer la mujer (en aquellos que se ponen nerviosos es lo mejor).

- Verificar la fecha de vencimiento.

- Al retirar el pene tomar el aro con los dedos para que no se salga y derrame el semen en la vagina.

- No usar lubricantes como vaselina, lanolina o cremas humectantes que los contengan, ya que abre los poros haciéndolos permeables. Hay productos más adecuados como los acuosos o siliconados. .

- Tener mucho cuidado en la manipulación si se tienen uñas largas, para no producir pequeñas fisuras que pueden ser imperceptibles a simple vista.

Del consultorio a las páginas, consultas frecuentes

Quiero aclarar que en este resumen de preguntas frecuentes, se complementan las respuestas con algunos consejos básicos. Ninguna de estas recomendaciones reemplaza a la consulta médica y deben considerarse únicamente como información orientativa.

"¿Por qué siento dolor al tener sexo (coito) si no soy virgen? He tenido sexo muchas veces antes pero me duele cada vez que lo hago."

Hay múltiples causas posibles. En primer lugar puede ser un problema de lubricación. El segundo motivo posible es que sus músculos pélvicos estén excesivamente tensos o contraídos, y por último puede existir una infección que involucra a su vulva o vagina, aunque esto último es lo menos probable pues en ese caso debería haber notado otros síntomas adicionales.

En este caso intente localizar la fuente de dolor. Examine su vulva y vagina con los dedos y un espejo. Vea si puede insertar sus dedos en su vagina sin causar dolor. En general se debería poder insertar dos dedos sin demasiadas molestias. Se debe evitar el coito hasta solucionar el problema, pues lo que puede ser un problema físico se convertirá en uno psicológico o mixto. Si continúa

61

teniendo relaciones sexuales con dolor, la utilización de un lubricante (de origen vegetal para no perjudicar el preservativo) es una solución provisoria que puede ayudar a disminuirlo.

"Mi novia me dice que nunca tuvo un orgasmo. Hace varios años que estamos en pareja y recién ahora me lo confesó. Durante el sexo, sé que ella está disfrutando, pero no está teniendo un orgasmo. ¿Qué puedo hacer para darle uno? He probado todo lo que pueda pensarse, incluso muchas veces ella frena mis intentos. Lamento si esta pregunta parece tonta, pero no sé qué más hacer."

En estos casos la respuesta puede parecer más tonta de lo que a usted le suena la pregunta. Lo más adecuado que puede hacer es dejar de intentarlo.

El estado ideal para disfrutar del sexo es la relajación absoluta, donde las sensaciones y los sentidos toman el control. Si ella no disfruta de lo que le está haciendo, lo detendrá a usted y como resultado no tendrá ningún orgasmo. Es importante aclarar que estadísticamente, sólo un 30% de las mujeres logra orgasmos durante la penetración.

Una recomendación inicial sería darle sólo masajes relajantes y caricias en la zona pélvica. Mantenga un diálogo permanente con su pareja para aprender qué es lo que más placer le provoca. Cuando ella quiera que se detenga, hágalo y no lo tome como una mala señal, pues es tan importante aprender lo que le gusta como lo que no le agrada.

"Estamos en pareja desde hace 9 años, mi esposo tiene 39 y yo 37, ambos con la experiencia de otras parejas anteriores. Desde hace aproximadamente tres años no tenemos relaciones sexuales de ningún tipo. Hemos pasado muchas crisis familiares y enfermedades graves personales, por lo que siempre teníamos un problema que considerábamos prioritario y motivos que nos deprimían gravemente. Hoy

en día tenemos buena salud en general, no tenemos hijos y llevamos una vida bastante equilibrada finalmente, pero nunca volvió el deseo. ¿Qué se puede hacer? ¿Por qué hay amor y no hay deseo?"

Más allá de que faltarían muchos datos personales y clínicos de cada integrante de la pareja, perfil psicológico, desempeño con parejas anteriores, nivel de educación sexual, perfil ético y religioso, fidelidad, etc; como orientación básica podemos aprovechar esta pregunta para dar una serie de datos interesantes; aclarando, como lo hicimos en otros capítulos, que en sexología no existe nada exacto y que cada persona y cada pareja en consecuencia es un mundo distinto; donde lo que está bien o mal no tiene parámetros generales, y donde lo que es aplicable para algunos es muy difícil de llevar a la práctica para otros.

Pero reflexionando sobre la pregunta podríamos decir que cuando la comunicación sexual se rompe, se genera un círculo vicioso y es muy difícil encontrar la puerta de entrada para volver a establecerla. Por otra parte, más allá de que el problema se haya iniciado por "culpa" de alguno de los dos (disfunción sexual, problemas personales, estrés, depresión, enfermedad, etc.), pasa a ser un problema de "ambos" donde no existen verdaderos culpables o si existen, son los dos.

Hay una palabra mágica que es la llave de todas las soluciones: *hablar*. Así como es fácil de escribir y de decir, es muy difícil de implementar. Lo mejor es animarse a decir todo poniendo pautas y pensando objetivos progresivos, lentamente. Las pautas pueden referirse a hablar sin agresión. Explicarse que todo lo que se diga no es para lastimar sino para ser sinceros; que la idea es pedir sin reclamar. Expresar lo que se desea y lo que se teme. Verbalizar *todos* los miedos y las dudas es el primer paso para derrotarlos. Armar mentalmente la imagen de que la pareja es un *equipo* y que juntos se puede salir adelante. Demostrarle al otro respeto y admiración, aún en los peores momentos. A su vez siempre hay uno de los dos, aunque sea en forma alternada, que tiene que tratar de realizar el primer esfuerzo o dar el primer paso.

El deseo no "vuelve" solo. Es un trabajo de equipo. No es algo que aparece y desaparece mágicamente. Si existe amor se puede volver a generar intimidad, comunicación, intercambio y placer.

Un ejercicio básico, pasando a lo estrictamente sexual, es generar espacios de intimidad donde en forma alternada, sólo uno de los dos se dedique a darle placer al otro.

Por último, uno de los temas más complicados de la sexualidad humana es el referido al sexo con amor o sin el mismo. Más allá de cualquier observación ética o religiosa, e inclusive política; como en las relaciones sexuales están involucradas dos personas y cada persona tiene un plano espiritual, uno mental y uno físico, pretender que solo actúe el plano físico en forma independiente de los demás es realmente imposible.

También es interesante considerar que cuando se están priorizando los sentimientos y en una relación se pone en juego algo que verdaderamente nos llega al corazón, es cuando se presenta una mayor posibilidad de tener problemas sexuales. Simplemente, porque ese otro ser humano, con quien estamos compartiendo nuestra intimidad, verdaderamente nos importa.

MITOS

A través de la historia e incluso hoy en día, las culturas donde prevalecen los principios llamados "machistas", relegan la sexualidad femenina y le restan valor, generando información falsa que perjudica las relaciones de pareja y, en ocasiones, pone en riesgo la salud.

Esta mala información se transmite generacionalmente sin ninguna base médica o científica, y queda relegada a los "mitos"[1].

Si bien la labor de los medios de comunicación ha servido para difundir aspectos trascendentales sobre la salud en general, en el aspecto sexual, parece que lo hecho fuera insuficiente todavía, pues se le da prioridad a los aspectos superficiales o eróticos, y no a la información de base. También es un obstáculo muy grande, tener que "filtrar" esta información en base a las orientaciones religiosas, conveniencias de mercado o incluso políticas.

Verificaremos los principales mitos sobre la sexualidad, a través de preguntas.

¿La esterilización reduce el apetito sexual?

Falso. La esterilización quirúrgica es conocida en la mujer con el nombre de "ligadura de trompas" y en el hombre como

---

[1] Ver la definición del término en este contexto, en el capítulo en que se incluye un diccionario de sexología.

"vasectomía". Busca impedir el traslado de los óvulos, en el caso de ligadura de trompas, o el traslado de espermatozoides, en el caso de ligadura de los conductos deferentes. Algunos informes científicos afirman que tanto hombres, como mujeres, experimentan aumento de deseo sexual y cierta desinhibición, seguramente debido a la disociación del sexo con la procreación. Estos procedimientos, no deberían afectar en absoluto la continuación del deseo sexual, ni el mecanismo del funcionamiento hormonal.

¿Ingerir semen es dañino?

Falso. No hay evidencia de que ingerir semen sea dañino a la salud, a no ser que provenga de una persona que tenga una enfermedad de transmisión sexual, en cuyo caso el riesgo se encuentra en el contacto de los fluidos sexuales con las mucosas o posibles laceraciones bucales, más que en la ingestión misma.

¿Ausencia de himen, indica pérdida de virginidad?

Falso. El himen es un pliegue de tejido conjuntivo, que parcialmente cierra el orificio externo de la vagina. Un himen roto, no constituye evidencia contundente de que la mujer no es virgen; pues hay muchos casos de desgarros sin actividad sexual, sólo por movimientos corporales o masturbación; y por otra parte, existen casos en los que el himen es tan flexible o plegable que puede realizarse el coito en forma repetida, sin ocasionar su ruptura.

En algunas culturas, se requiere la integridad del himen para poder entrar en la unión matrimonial, y los ginecólogos -en esos casos- colocan o reestablecen hímenes artificiales. Hay toda una serie de mitos y de fantasías en relación al primer coito, pero ante la existencia de dolor en la penetración, en la mayoría de las ocasiones, este dolor se está generado por la tensión emocional que provoca contracción de los músculos de la entrada vaginal y no por la posible rotura del himen.

¿La mujer eyacula?

Dudoso. La mujer produce una secreción vaginal provocada por la estimulación sexual que tiene como objetivo lubricar las paredes de la vagina para que la penetración no resulte dolorosa. Muchas mujeres lubrican abundantemente y las contracciones de la zona pélvica durante el orgasmo puede lograr el efecto similar al de la eyaculacion, al expulsar los fluidos hacia el exterior. Algunas investigaciones indican que cuando se llega al orgasmo se agrega a los fluidos provocados por la excitación algunas sustancias adicionales que parecen acercar su composición a la eyaculacion masculina. Estas teorías se basan en los estudios realizados sobre algunas mujeres que eyaculan un líquido generado por lo que denominan "la próstata femenina", refiriéndose con eso, al sistema de glándulas parauretrales, incluyendo las glándulas de Skene. Esta eyaculacion se produciría mas frecuentemente cuando se estimula el "punto G", que se encuentra en el techo del conducto vaginal, y que es la expresión del clítoris en su parte interna, tal como explicamos en el capítulo de órganos genitales.

¿El sexo oral produce cáncer?

Falso. Tanto la felación (sexo oral de la mujer al hombre) como el cunnilingus, (estimulación oral en el área genital femenina) pueden transmitir distintas infecciones pero nunca cáncer.

El riesgo radica cuando la boca o los órganos sexuales cuentan con una herida que sea la puerta de entrada de virus, bacterias y hongos que pueden estar presentes en los fluidos genitales.

¿Los orgasmos simultáneos son más placenteros?

Falso-dudoso. A pesar de que muchas parejas buscan la simultaneidad del orgasmo, lograrlo no garantiza que se vaya a obtener más placer. Como la gratificación sexual depende de cada persona, es probable que algunas "sientan" distinto si lo logran o "comparten" ese momento exacto con su pareja. Fisiológicamente es un poco difícil de entender, porque mas allá de que es esencial que en la actividad sexual se haga el esfuerzo para dar al compañero el máximo de placer y de satisfacción, cuando llega el momento del orgasmo, su vivencia es totalmente individual e incluso las sensaciones que provoca nos aíslan momentáneamente de lo que nos rodea o si estamos atentos de algunos detalles es en función de retroalimentar lo que estamos sintiendo. Vale aclarar también que esta búsqueda del orgasmo simultáneo, ha producido una serie interminable de problemas, debido a que muchas veces no es posible lograrlos y su búsqueda obsesiva lleva a "fracasos" que terminan confundiendo y complicando la actividad sexual de la pareja.

¿La vagina expulsa aire?

Verdadero. Muchas mujeres notan que durante el encuentro sexual su vagina expulsa aire o provoca ruidos, y esto genera una lógica incomodidad. Las causas pueden ser:

a) Existencia de ciertos hongos en la zona vaginal. Cuando este es el caso, la expulsión de aire será casi imperceptible y podrá ser acompañada de un olor desagradable. Lo aconsejable es realizar un estudio de Papanicolau con Colposcopía para corroborar la presencia de microorganismos y definir el tratamiento a seguir.

b) Ciertas posiciones sexuales. Durante la penetración, el movimiento del pene empuja aire al interior del útero, de manera que tenderá a salir cuando el órgano masculino lo permita, generando algunos ruidos más o menos perceptibles. La solución está en identificar las posiciones que permiten el ingreso de aire y tratar de evitarlas.

La mujer no puede quedar embarazada en su primera relación sexual.

Falso. Biológicamente no existe ningún impedimento para que una mujer quede embarazada en su primera relación sexual. Incluso en algunos casos el nerviosismo y la ansiedad previa a la primera relación pueden adelantar la ovulación y facilitar la concepción (hecho que ocurre con bastante frecuencia).

La penetración anal sólo es para pervertidas.

Falso. Más allá del tabú que rodea esta practica sexual, es una opción sexual más que, cuando es aceptada por ambos miembros de la pareja, no encierra ninguna señal de perversión. La penetración anal ha sido por siglos una variante para quienes buscan preservar la virginidad y evitar embarazos no deseados, o como una opción en los períodos de menstruación. La zona anal posee muchas terminaciones nerviosas y esta actividad sexual puede resultar muy placentera, no sólo para el hombre sino también para la mujer, especialmente si se realiza simultáneamente con estímulos sobre la zona clitoridiana (usando posiciones que permitan caricias del hombre o rozamiento de la mujer por sus propios movimientos). De todas formas es importante tener en cuenta algunas recomendaciones para que sea una práctica segura y satisfactoria:

a) Uso de preservativo. Ya que la mucosa rectal es una vía de entrada de virus y bacterias que pueden invadir al órgano masculino y causarle alguna infección. Por la misma razón se debe cambiar el preservativo si se va a alternar con una penetración vaginal.

b) Uso de lubricante. También debe tomarse en cuenta que a diferencia de la vagina, el recto no se auto lubrica tras la excitación, por lo que deberá utilizarse crema o gel lubricante con base acuosa (vaselina y aceites pueden perjudicar al látex del preservativo).

c)   Dilatación previa. Hay que considerar que el recto puede llegar a sufrir daños si el coito es violento o apresurado, pues mas allá de la lubricación, los músculos de la zona anal requieren un poco de tiempo para dilatarse, de manera que la penetración debe ser cuidadosa, paulatina y suave.

El coito durante el embarazo hace daño al feto.

Falso. Cuando la mujer embarazada se encuentra en buen estado de salud puede tener vida sexual activa sin ningún problema. Es importante la recomendación al respecto del médico que está controlando la gestación. Algunas mujeres tienden a evitarlo porque creen que pueden dañar al feto, pero esto es imposible ya que el pene –por muy grande que sea– jamás será capaz de penetrar en el útero, que es donde se encuentra el bebé. Sí es importante buscar posiciones que eviten que el abdomen sufra presión, siendo las más recomendables:

a)   Ambos de costado, procurando que la espalda de ella quede pegada al pecho de él.

b)   La mujer sentada sobre el hombre, quien tiene que estar acostado.

El deseo sexual se acaba con la menopausia.

Falso. Cerca de los 50 años de edad, en promedio, la mujer empieza a experimentar cambios generados en su aparato reproductor, ya que de manera natural los ovarios bajan la producción de estrógenos (hormonas femeninas) y esto se refleja en la suspensión de la menstruación. Iniciándose algunas reacciones físicas típicas de esta etapa que consisten en sudoración excesiva, oleadas repentinas de calor, fatiga y depresión frecuente. Al conjunto de dichos síntomas se los denomina "climaterio". A nivel sexual la lubricación como respuesta al estímulo sexual disminuye notablemente y el tiempo para lograrla es más prolongado a la vez que puede experimentarse una merma en el deseo. Los anteriores factores inciden para que una mujer evada el tema de las relaciones sexuales y su práctica, de manera que los encuentros amorosos con su pareja se hacen más espaciados y, al parecer, menos placenteros. En contrapartida, se inicia una etapa donde el sexo se libera de la procreación y en general se dispone de mayor tiempo libre.

Los síntomas que describimos y que pueden resentir la actividad sexual tienen fácil solución (desde lubricantes hasta posible uso de terapia de reemplazo hormonal según el criterio médico), por lo que la actividad sexual placentera puede continuar y solo requiere de algunas adaptaciones a esta nueva etapa.

PARAFILIAS Y PERVERSIONES

Para empezar este capítulo sería conveniente determinar qué se entiende por "lo normal" en sexualidad. Y si determinar que es "lo normal" es muy difícil en cualquier ámbito, lo es aún más en los aspectos sexuales, que están directamente vinculados a la privacidad.

Si existe una característica que nos defina a los seres humanos, es nuestra capacidad de ser plurales, diferentes unos de otros y muy complejos. Esto nos lleva a la afirmación de que cada uno de nosotros es único e irrepetible, y en consecuencia abordar el tema de las parafilias y perversiones aún hoy es introducirse en un mundo confuso; donde las clasificaciones y generalizaciones engloban distintas conductas, como si las manifestaciones clínicas y las consecuencias de las mismas, pudieran responder a patrones únicos, perdiendo de vista al sujeto y su individualidad. Considerando estos detalles vamos a tratar de definir y aclarar algunos conceptos:

- La normalidad, desde un punto de vista social, está definida por una serie de normas que el grupo humano acepta para organizarse, controlar la conducta y lograr la convivencia.

- Desde la perspectiva biológica y humanista, la normalidad se basa en lo saludable y natural del hábito analizado.

- Desde la psicología se considera "normal" el comportamiento que no provoque ansiedad, miedo, culpa o asco.

- Desde la estadística, simplemente es aceptable lo que hace la mayoría

- Desde lo religioso, está definido por los mandamientos y principios propios de cada creencia

La denominación de Parafilia es un hallazgo de la sexología del siglo XX y sirvió en parte para reemplazar al concepto de perversiones. Viene del griego (*PARA:* al lado, *FILEIN:* amar) y puede traducirse como "amores paralelos".

Con respecto al término "perversión" vemos que generalmente se asocia esa palabra a la idea que nos da el diccionario, donde dice que perverso se asocia a: depravado, malo, maligno; y que "perversión" se relaciona con corrupción, con perturbar el orden o estado de las cosas, viciar las costumbres, los gustos, etc., pero no se puede considerar a alguien como maligno, o corrupto simplemente porque le atraiga y se excite sexualmente con un pie de mujer.

Según el criterio freudiano las perversiones son el resultado de una regresión o fijación a etapas del desarrollo psicosexual donde se produjeron alteraciones en el transcurso del mismo, ya sea por mala educación sexual, abuso, etc.

Con estos elementos podemos arriesgarnos a definir *parafilia* y *perversión* para nuestra visión de la salud sexual:

- a) Se denomina *parafilia* a todo comportamiento sexual que es repetitivo y obsesivo, transformándose en el único medio para obtener placer, convirtiéndose quien la sufre en dependiente y adicto a dicha conducta.

b) Se denomina *perversión* a conductas sexuales defini-
das como desviadas de las consideradas sanas o normales y que pueden afectar a uno mismo o a terceros.
El criterio varía notablemente a lo largo de la historia y
entre distintas sociedades.

Algunos especialistas diferencian entre *perversiones blandas*
y *perversiones duras*. Por las definiciones anteriores podemos razo-
nar que una perversión puede –o no– ser una parafilia y viceversa.

Entre las perversiones blandas más clásicas podemos detallar:

I.   Vouyerismo, que se refiere al placer por espiar.
II. Exhibicionismo.
III. Travestismo (sólo vestirse con ropas del sexo opuesto,
     no confundir con transexualismo, transformismo u
     homosexualidad).
IV. Fetichismo (placer centrado en un objeto o parte del
     cuerpo).

Y entre las perversiones duras:

I.   Zoofilia (animales).
II. Necrofilia (cadáveres).
III. Sadomasoquismo.
IV. Pedofilia (menores).

Por lo tanto, debemos tener en cuenta algunas señales que
nos alerten con respecto a las perversiones. Entre las mismas podemos citar:

•   cuando lo que excita provoca culpa o angustia.
•   cuando se quiere modificar una conducta sexual y no
    se logra, o cuando al modificarla aparecen síntomas
    de abstinencia.

- cuando los deseos llevan a no respetar los de la pareja.
- cuando se pone en riesgo la integridad física o moral propia, o de terceros.

Más allá de la diferenciación que hemos realizado entre los conceptos de perversiones blandas y duras, debemos aclarar nuestra posición en relación al tema: las acciones sexuales que involucren a menores de edad o incluyan conductas que puedan dañar a una persona -tanto sea a nivel físico, como moral o psicológico- resultan intolerables y no pertenecen a ninguna categoría por su perfil de delito.

EXPECTATIVAS FUTURAS
Y LA QUÍMICA DEL AMOR

Con el paso del tiempo y los avances en tecnología médica, al igual que sucede en otras áreas de la salud, seguiremos obteniendo nuevos descubrimientos relacionados al diagnóstico, tratamiento y rehabilitación de las disfunciones sexuales, como también para poder interpretar el funcionamiento de la maravillosa máquina que es el cuerpo humano.

En el tratamiento de disfunciones sexuales, la última década nos ha dejado algunas certezas y recomendaciones basadas en nuestra propia experiencia estadística y científica como ser:

- que el mejor equipo médico para la salud sexual es el interdisciplinario (sexólogo clínico, ginecólogo y psicólogo, con un coordinador especializado en salud sexual).

- que los mejores tratamientos son los que brindan una respuesta inmediata al síntoma pero que también se ocupan, en una segunda instancia, de resolver el origen o causa de la disfunción para que no vuelva a manifestarse. Como certifican los especialistas del Grupo Organic en el tema de salud sexual masculina, a nivel farmacológico hay que trabajar con terapias combinadas y distintos niveles según el grado de rehabilitación que se va alcanzando, para poder dejar dicha medicación gradualmente.

- que el tratamiento usado no afecte otras áreas de la salud.

- no buscar tratamientos mágicos en una pastilla que sirve para todo el mundo. Son trampas del mercado y soluciones temporales paliativas y muchas veces peligrosas.

- comprender y aceptar que el verdadero órgano sexual es el cerebro (aunque existan disfunciones de origen físico).

De cara al futuro, todas las investigaciones que estamos realizando están enfocadas a terminar de comprender el circuito completo de la respuesta sexual humana, desde que se inicia hasta que concluye; y es por esto que los próximos descubrimientos se van a apoyar en la neurociencia y en "la química del amor".

Cuando existe un estímulo se desencadenan una serie de impulsos. La autopista que recorren estos impulsos es la médula espinal, y aunque sea esa la ruta común no es la única. Experimentos realizados con mujeres que sufrían diferentes grados de lesión medular han demostrado que son capaces de experimentar un orgasmo y lo hacen, además, mediante la estimulación de sus genitales; aunque no tengan sensibilidad en ellos. Esto es posible gracias a una ruta alternativa que trasporta las señales: el sistema vagal, que se saltea la médula espinal y llega en forma directa al cerebro. Lo que significa que se puede experimentar un orgasmo por el simple hecho de pensar, porque el centro del control está en el cerebro.

Estos descubrimientos también permitieron "espiar" en el horizonte de algunas perversiones. Durante el clímax sexual se activa el centro cerebral de la recompensa (el núcleo acumbens), que es el que maneja las adicciones. También se activan la ínsula y el córtex cingular, áreas que intervienen en la respuesta al dolor (por eso lo soportamos mucho mejor en esos momentos de éxtasis). Casi todo lo demás, incluida una zona del córtex prefrontal relacionada con trastornos de hipersexualidad, se silencia. Es el "apagón cerebral"' y por lo tanto muchas veces los límites éticos o morales desaparecen cuando se llega a estas situaciones.

Este es un resumen de lo que se está descubriendo y todas estas pautas e interpretaciones llevan a poder "simular"" circuitos, estimularlos o anularlos químicamente. En este punto tenemos un gran dilema, que es general a toda la ciencia médica, y que podría sintetizarse de la siguiente manera: Cuando uno genera respuestas en forma artificial imitando lo que el cuerpo produce, no se estará generando un reflejo posterior a largo plazo –algo así como una autodefensa– que el mismo organismo posee; y el cual, al detectar que lo que se produce es "artificial", podría apagar los mecanismos originales, para terminar provocando nuevas "enfermedades" –especialmente a nivel neurológico–.

Ahora, para terminar, dejemos la parte química de lado y pasemos a una visión basada en la poesía, que está más cerca de nuestra vida de todos los días. La sexualidad femenina es como un gran mapa donde no sólo es importante hacia dónde nos llevan los caminos que lo recorren, si no la forma de transitarlos. Para ubicarnos en ese mapa, la mejor brújula siempre va a ser el amor; y los vehículos para recorrerlo deben ser la paciencia, la relajación, la delicadeza y la comunicación. De esta forma no sólo disfrutaremos del camino, sino que nuestro destino nos mostrará el hermoso paisaje de la completud, que se da cuando dos personas están verdaderamente unidas, utilizando el sexo para fundirse el uno en el otro, a través de la hermosa sensación de dar y recibir placer.

Diccionario sexual
y glosario

Es habitual que en los libros donde se utiliza alguna terminología médica o científica, se agregue un glosario que ayude a interpretar dichos términos. Para este libro preferimos ampliar el glosario e incorporar un resumen de un diccionario sexual, porque muchas palabras pueden resultar interesantes en sí mismas, aunque no se hayan incluido en ningún capítulo.

A

ABORTO: Interrupción del embarazo antes de los 180 días de gestación. Puede ser espontáneo (natural) o provocado.

ABSTINENCIA SEXUAL: Privarse total o parcialmente de satisfacer los deseos sexuales. Puede ser por causa religiosa, voluntaria (anticoncepción), obligatoria (reclusión), física (disfunción o enfermedad), decisión personal, etc.

AFRODISIACO: Cualquier sustancia que estimula o aumenta el deseo sexual, como por ejemplo ciertas comidas, bebidas o drogas; muchas de ellas sin un sustento científico valedero (ver *comida afrodisíaca*).

AMENORREA: Ausencia de menstruación.

ANALGIA: Insensibilidad. Ausencia de dolor.

ANDRÓGENOS: Hormona masculina por excelencia, promueve el desarrollo de los órganos sexuales y las características sexuales secundarias masculinas. Se producen en gran cantidad en los testículos y en menor proporción en las glándulas suprarrenales del hombre y de la mujer. Regulan el nivel de deseo sexual en ambos.

ANDROGINIA: Presencia simultánea de características femeninas y masculinas en un individuo.

ANDRÓGINO: Persona que tiene características masculinas y femeninas a la vez, y órganos sexuales incompletos de ambos sexos. También llamado *hermafrodita*.

ANDROPATÍA: Cualquier enfermedad propia del sexo masculino.

ANDROPAUSIA: Período de declinación de secreción hormonal masculina. En general sucede en edad adulta y, habitualmente, superior a la menopausia, el homólogo femenino.

ANHEDONIA EYACULATORIA: Falta de placer al eyacular. O sea, falta del componente psicofísico del orgasmo estando presente la emisión o eyaculación. Trastorno no frecuente, pero compatible con depresión psíquica o secuelas de un estrés de cualquier origen. Vale aclarar que el orgasmo y la eyaculación son fenómenos independientes (aunque es poco habitual) y que se podría tener un orgasmo sin eyacular.

ANORGASMIA: Falta de orgasmo en el coito. Mal conocido con el nombre de *frigidez.*

ANORQUIDEA: (Síndrome de *Anorquía*) Ausencia congénita de uno o los dos testículos.

ANOVULATORIO: Designa un período menstrual que no se acompaña de ovulación; también llamado período *anovular.*

ANTICONCEPTIVO: Cualquier dispositivo o medicamento, como por ejemplo preservativo, píldora, dispositivo intrauterino, etc, utilizado por la pareja para posibilitar el coito sin riesgo de concepción.

ANTICONCEPTIVO ORAL: Medicamento utilizado por la mujer con la finalidad de disminuir el riesgo de concepción.

ANTIHIPERTENSIVOS: Medicamentos usados para la hipertensión arterial. Notable avance para el tratamiento y el pronóstico de algunas enfermedades cardiovasculares. Estos medicamentos deben usarse con precaución y ser controlados y administrados por médicos clínicos o cardiólogos. Su uso prolongado puede provocar disfunción sexual.

AREOLA: Área pigmentada alrededor del pezón humano, sobre el centro de la mama, que se dilata levemente durante la excitación sexual.

ASEXUAL: Que carece de sexo manifiesto u órganos sexuales. Por extensión se denomina así a personas carentes de franco deseo sexual, sin alteraciones anatómicas referentes a su sexo.

ATOCIA: Esterilidad de la mujer.

AUTOESTIMULACIÓN: Masturbación, onanismo. Estimulación sexual del propio cuerpo. Autoerotismo.

B

BESO NEGRO: Es la acción por la que uno besa y lame el ano de su pareja sexual.

C

CAPUCHÓN CERVICAL: Método anticonceptivo de barrera similar al diafragma.

CARACTERÍSTICAS SEXUALES SECUNDARIAS: Características

físicas, aparte de los órganos genitales externos, que se desarrollan durante la pubertad y diferencian a los hombres de las mujeres.

CASTRACIÓN: Extirpación quirúrgica de las gónadas (testículos u ovarios), o su inhabilitación funcional (por medicamentos, radiaciones, etc.).

CELIBATO: Estado de soltería, o abstinencia voluntaria de unión sexual.

CÉRVIX: Cuello del útero.

CHANCRO: Lesión dérmica, habitualmente visible, de sífilis primaria y generalmente ubicada en los genitales externos.

CICLO MENSTRUAL: Período de tiempo entre dos menstruaciones. La hemorragia menstrual indica el primer día del ciclo, que corresponde a la respuesta endometrial uterina a la regulación cíclica de la secreción hormonal ovárica.

CIRCUNCISIÓN: Intervención quirúrgica, con la finalidad de extirpar parcial o totalmente el prepucio. Puede ser realizado por razones religiosas o de higiene, o para corregir la *fimosis* (enfermedad caracterizada por un prepucio poco elástico y que genera dificultades en la relación sexual en el varón).

CISTITIS: Inflamación de la vejiga, habitualmente causada por una infección bacteriana, puede tener relación o no con contagio sexual.

CLAMIDIA: Enfermedad transmitida sexualmente, causada por un germen (Chlamydia Trachomantis).

CLIMATERIO: Cambios físicos y psicológicos que acompañan a la menopausia en las mujeres.

CLIMAX: Momento culminante de la excitación sexual y que generalmente precede al orgasmo.

COITUS INTERRUPTUS: Extracción voluntaria del pene del interior de la vagina, antes de que se haya producido la eyaculación. Utilizado como método anticonceptivo no resulta muy efectivo y produce tensiones psíquicas a la pareja, debido a la secreción lubricante de las glándulas de Cowper, que preceden a la eyaculación y contiene un número variable de espermatozoides.

COITO RESERVATUS: Coito prolongado en el que la eyaculación es suprimida intencionalmente.

COLPOSCOPÍA: Examen visual del cuello uterino y la vagina, con ayuda del colposcopio.

COMIDA AFRODISIACA: Alimentos preparados con ingredientes cuya finalidad es estimular sexualmente.

CONDÓN: Preservativo. Tubo de látex delgado, cerrado en un extremo que es colocado sobre el pene erecto antes del coito, para evitar que los espermatozoides penetren en la vagina.

CONDÓN FEMENINO: Tubo de látex delgado, cerrado en un extremo, que se introduce en la vagina antes del coito para evitar que los espermatozoides penetren en ella.

CONDUCTO DEFERENTE: Conductos que transportan los espermatozoides desde los testículos y desembocan en el veromontanum de la uretra.

CONSOLADOR: Objeto que tiene la forma y tamaño aproximado de un pene erecto; utilizado para producir placer sexual.

CONTROL NATURAL DE LA NATALIDAD: Modo de evitar el embarazo mediante la abstinencia de coito en los días del ciclo menstrual en que es posible la concepción. También llamado *método del ritmo*, término con que se designan a los métodos de calendario, de secreción mucosa cervical y de temperatura basal, que se utilizan para determinar cuáles son los días en que el coito tiene menos posibilidades de conducir a un embarazo.

COPROFILIA: Una desviación sexual en la cual la satisfacción sexual es asociada con el acto de la defecación; interés morboso por las heces.

COPULAR: Unión del macho con la hembra, durante el acto sexual.

CREMA ESPERMICIDA: Producto químico en forma de crema que se introduce en la vagina unos minutos antes del coito, para producir la muerte o disminución franca de la movilidad de los espermatozoides.

CUERPOS CAVERNOSOS: Constituyen dos componentes, uno de cada lado de la estructura del pene. Se trata de aparatos eréctiles por excelencia. Es tejido esponjoso que, al llenarse de sangre tiende a la erección.

CUNNILINGUS: Forma de sexo oral que se basa en la estimulación de los órganos sexuales femeninos con la boca y lengua, por parte de su pareja.

D

DETUMESCENCIA: Proceso fisiológico opuesto a la tumescencia. Significa retroceso de una congestión sanguínea. El término se aplica al fenómeno de vaciamiento de los cuerpos cavernosos del pene, simultáneo o inmediatamente posterior al orgasmo. Habitualmente, la detumescencia se produce después del orgasmo pero no necesariamente, ya que puede existir vaciamiento sanguíneo tras las erecciones reflejas en cualquier momento del día o de la noche, con o sin motivación erótica.

DIAFRAGMA: Método anticonceptivo de barrera. Compuesto en látex, delgado, colocado sobre el cuello del útero, y antes del coito se impregna con crema espermicida, para evitar que los espermatozoides penetren en el útero.

DILDO: Pene artificial en erección, utilizado en la masturbación femenina. También llamado *Vibrador* o *Consolador*.

DISFUNCION SEXUAL: Cualquier problema que interfiere con la actividad sexual normal.

DISMENORREA: Menstruación muy dolorosa, frecuentemente con cólicos, náuseas, dolor de cabeza y otras molestias abdominales.

DISPAURENIA: Dolor experimentado durante el coito.

DIU (Dispositivo Intra Uterino): Dispositivo anticonceptivo de plástico, habitualmente asociado a filamentos metálicos de cobre, colocado dentro de la cavidad uterina en contacto con el endometrio, para reducir el riesgo de concepción.

E

ENDOMETRIO: Epitelio que recubre la cavidad del útero. Si un óvulo es fecundado, se implanta en el endometrio y comienza a desarrollarse un embrión. Cíclicamente, si no hay huevo implantado en él, el endometrio es eliminado durante el proceso de la menstruación. Su estructura cambia con el la edad y con el ciclo menstrual.

ENFERMEDAD TRANSMITIDA SEXUALMENTE (ETS): Enfermedad cuyo contagio es por medio de la actividad sexual. Las enfermedades transmitidas sexualmente incluyen, entre otras, gonorrea, sífilis, Sida, etc. El término ha ido reemplazado al de *enfermedad venérea*.

ENFERMEDAD PELVICA INFLAMATORIA: Enfermedad infecciosa de los genitales internos femeninos. Es potencialmente seria porque afecta a mujeres jóvenes y puede disminuir sus posibilidades de embarazo a futuro. Por lo general es el resultado de enfermedades transmitidas sexualmente no tratadas (gonorrea, sífilis, etc.).

EPIMENORREA: Menstruación que aparece a intervalos excesivamente cortos.

EPIDÍDIMO: Cada uno de los conglomerados de túbulos donde se almacenan y maduran los espermatozoides recién producidos por el testículo, antes de entrar a los conductos deferentes previo a la eyaculación.

EPISIORRAFIA: Sutura de laceraciones en la vulva.

EPISIOTOMIA: Incisión del perineo durante el parto practicada para evitar el desgarro vaginal, vulvar o perineal mediante un agrandamiento controlado del orificio vaginal.

ERECCIÓN: Aumento de volumen y endurecimiento del pene, clítoris o pezones, durante la estimulación sexual.

ERECCIÓN NOCTURNA: Erección que se produce cuando el hombre duerme. Generalmente por acción cerebral donde el movimiento nervioso es cíclico, con períodos de sueño con imágenes (períodos REM) y período de sueño sin imágenes (Non-REM). La erección nocturna se atribuye a los períodos REM cerebrales.

ERÉCTIL: Tejido de características esponjosas, que puede ser llenado con sangre y de ese modo aumentar de volúmen y consistencia.

ERÓGENO: Que produce deseo sexual.

ERÓTICO: Aquello relativo al estímulo del deseo o tendiente al placer sexual.

EROTÓGENO: Que produce excitación sexual.

ESCROTO: Bolsa epitelial de múltiples capas incluso con una muscular, prolongación de la pared abdominal, que recubre los testículos y les proporciona protección y termorregulación.

ESMEGMA: Sustancia olorosa, blanquecino amarillenta, que se acumula debajo del prepucio de un hombre no circuncidado (o debajo de la cubierta del clítoris de una mujer) a causa de una higiene deficiente.

ESPASMO: Contracción involuntaria de ciertos músculos. En este contexto, acompaña al orgasmo.

ESPERMA: Semen. Secreción líquida eliminada durante la eyaculación, producida por la secreción de los testículos, próstata y glándulas sexuales secundarias, y que contiene espermatozoides en un plasma seminal.

ESPERMATORREA: Derrame involuntario anómalo de semen sin orgasmo.

ESPERMATOZOIDE: Célula reproductiva masculina. Su función es fertilizar el óvulo aportando la información genética faltante para iniciar así una gestación. Se producen millones de espermatozoides en los testículos y se mezclan con líquido seminal previo a la eyaculación.

ESPERMICIDA: Substancia que se coloca en la vagina antes del coito, o que se usa en combinación con un preservativo o un diafragma para matar a los espermatozoides, evitando así la concepción.

ESTERILIZACIÓN: Cualquier mecanismo que incapacite a una persona para la procreación. Puede ser voluntaria, por medio de una intervención quirúrgica como la ligadura de trompas o la vasectomía; u ocurrir como resultado de una cirugía por otra causa o como complicación de una enfermedad transmitida sexualmente, si su tratamiento no se realiza o se demora.

ESTIMULACIÓN: Acción de estimular o incitar. Excitar de diferentes modos el deseo sexual o incluso provocar, merced a la estimulación, el orgasmo.

ESTRÓGENO: Hormona sexual femenina por excelencia, alguna de las varias hormonas esteroides secretadas fundamentalmente por los ovarios. Estimula los cambios en los órganos reproductores femeninos durante su ciclo menstrual y promueve el desarrollo de las características sexuales secundarias de la mujer en la adolescencia.

EUNUCO: Hombre cuyos genitales externos han sido extirpados.

EXCITACIÓN: Acción de provocar cambios en el cuerpo, debidos a estímulos físicos y mentales, que lo preparan para el coito.

EXHIBICIONISMO: Parafilia en la cual una persona se excita y siente placer de mostrar sus genitales externos en público.
— Es más común en algunos hombres que sienten compulsivamente placer, al exhibir su pene en público, aunque no es privativo de sexo.

EYACULACIÓN: Expulsión de semen del pene.

F

FALICISMO: Adoración o culto del miembro viril; *falismo*.

FÁLICO: Relativo al pene, por lo general en su estado de erección.

FALO: Otra denominación del pene, por lo general en referencia a un estado de erección.

FALOCAPSIS: Cualquier curvatura del pene en erección.

FALODINIA: Dolor en el pene.

FALOPLASTIA: Cirugía plástica del pene.

FASE FÁLICA: También llamada *fase genital.* Etapa del desarrollo psicosexual (generalmente entre los tres y seis años de edad) durante el cual el niño adquiere conciencia de sus genitales y del placer obtenido de su estimulación; es también llamada *fase fálica* (con independencia del sexo) y *etapa genital.*

FANTASÍA SEXUAL: Situaciones o sucesos sexuales productos de la imaginación que involucran personas reales o imaginarias.

FELLATIO: Forma de sexo oral en la que se utiliza la lengua o la boca para estimular el pene.

FEROMONAS: Sustancias secretadas por el cuerpo que poseen un olor, no siempre perceptibles, que estimula el deseo sexual en el sexo opuesto. Están estudiadas en animales, e indican el estado de celo y de aceptación para la cópula.

FÉRTIL: Capaz de concebir.

FERTILIZACIÓN: Penetración de la membrana celular de un óvulo por un espermatozoide. Una vez fertilizado, el óvulo recibe la mitad faltante de información cromosómica e inicia la duplicación celular y con ello a desarrollarse un embrión.

FETICHÍSMO: Parafilia, forma de comportamiento sexual compulsivo por la cual la manipulación de un objeto inanimado o de una parte del cuerpo, que no sean los genitales, es necesaria para la satisfacción sexual.

FIMOSIS: Estrechez anormal del borde del prepucio que evita que el glande quede al descubierto. Con frecuencia puede corregirse mediante masajes suaves durante la infancia, pero puede ser necesaria la cirugía (circuncisión).

FLAGELACIÓN: Estimulación erótica derivada de azotar o ser azotado.

FORBES-ALBRIGHT, síndrome de: Combinación de secreción abundante de leche y ausencia de menstruaciones sin relación con embarazo reciente o acromegalia. Se cree que es causado por una producción excesiva de prolactina, como ocurre en algunos tumores de la hipófisis.

FOLÍCULO DE GRAAF: Un pequeño saco o bolsa del ovario, en el que madura el óvulo y del que se desprende en la ovulación.

FORCEPS: Pinzas especiales que se usan en obstetricia para sujetar la cabeza fetal y hacer tracción sobre ella en los partos difíciles.

FRENILLO: Ligamento que sujeta el prepucio al bálano o glande por la parte inferior del pene.

FRIGIDEZ: Incapacidad de origen psicológico para responder adecuadamente a una relación sexual; dícese especialmente de la mujer. En segunda instancia, término que define la incapacidad de alcanzar el orgasmo durante el acto sexual.

FROTTAGE: Se llama así a una desviación sexual en la que el orgasmo, se alcanza mediante la frotación contra una persona del sexo opuesto, comúnmente desconocido.

G

GAY: Homosexual.

GENITALES EXTERNOS: Órganos sexuales externos: pene y testículos en el hombre; vulva, labios, clítoris y vagina en la mujer.

GIMNOFOBIA: Miedo morboso a la visión de cuerpos desnudos.

GINANDROMORFO: Individuo con características masculinas y femeninas.

GINATRESIA: Oclusión de una parte del aparato genital femenino, por lo general la vagina.

GINECOMANÍA: Deseo sexual insaciable por la mujer.

GINECOMASTIA: Desarrollo feminoide de los senos masculinos.

GINEFOBIA: Miedo morboso o aversión a las mujeres (*misoginia*).

GINOPATIA: Enfermedad característica de la mujer.

GINOPLASTIA: Cirugía reparadora de los genitales femeninos.

GLANDE: Extremo distal del pene, redondeado y de forma cónica, anatómicamente conformado de tejido eréctil y recubierto por el prepucio.

GLANDULAS DE COWPER: Glándulas ubicadas cerca de la próstata, que producen una sustancia alcalina que neutraliza la acidez dentro de la uretra (la cual podría matar los espermatozoides) y forma parte del líquido seminal. También ayuda a lubricar el extremo del pene y facilitar el deslizamiento del prepucio.

GLANDULAS ENDOCRINAS: Glándulas que producen hormonas y las secretan en el torrente sanguíneo. Entre las múltiples que presenta el cuerpo humano se incluyen a los testículos y a los ovarios.

GLANDULA HIPÓFISIS: Glándula endocrina principal del cuerpo con capacidad de regulación de múltiples otras glándulas del organismo. Situada en la base del cerebro, secreta hormonas que regulan la acción de los testículos y los ovarios, que a su vez, son también glándulas endocrinas.

GONADAS: Los ovarios en la mujer o los testículos en el hombre. También llamadas glándulas sexuales.

GONADECTOMÍA: Extirpación quirúrgica de un ovario o un testículo.

GONORREA (GONOCOCCIA o BLENORRAGIA): Enfermedad de transmisión sexual causada por un microbio, Neiseria Gonorreae. Es causante de infecciones en la uretra masculina y femenina (conducto urinario), y en el canal cervical del cuello uterino, así como en las glándulas de Bartholin en la mujer.

H

HEDONÍSTICO: Perteneciente o relativo al placer o causado por él.

HERMAFRODITA: Individuo que posee tejido genital de ambos sexos, es decir, ovárico y testicular.

HERPES GENITAL: Enfermedad viral causada por contacto sexual, con lesiones caracterizadas por pequeñas úlceras dolorosas ubicadas en los genitales externos.

HETEROSEXUAL: Persona que exclusivamente siente atracción sexual por personas del sexo opuesto.

HIMEN: Membrana delgada que cubre parcialmente la entrada de la vagina en las mujeres que no han tenido relaciones sexuales.

HIPEROVARISMO: Aumento anormal de la actividad funcional de los ovarios que da lugar a precocidad sexual en las jóvenes.

HIRSUTISMO: Exceso anormal de vello, en especial en las mujeres.

HISTERECTOMÍA: Acto quirúrgico de extracción total o parcial del útero.

HIV: Virus de Inmunodeficiencia Humana, causante del Sida.

HOMOSEXUAL: Persona que exclusivamente siente atracción sexual por personas del mismo sexo.

HORMONA: Sustancia química producida por una glándula endocrina. Alguna de estas hormonas, las sexuales, producidas por las gónadas, desempeñan un papel importante en las funciones sexuales y reproductoras.

HORMONAS SEXUALES: Hormonas secretadas por las glándulas sexuales, son responsables de las características sexuales secundarias y del comportamiento de mujeres y hombres. Las hormonas sexuales incluyen los andrógenos, estrógenos y progesterona.

I

IMPLANTACION: Fijación de un huevo, (óvulo fertilizado) en el endometrio del útero.

IMPOTENCIA: Disfunción sexual masculina que se traduce en la incapacidad de lograr una erección o de mantenerla lo suficiente como para realizar el coito o la posibilidad de eyacular. Hoy en día se utiliza más en relación a la incapacidad de procrear del hombre, y en relación a la erección se ha reemplazado por *Problemas de erección*.

INCESTO: Relaciones sexuales (heterosexuales u homosexuales) entre parientes muy cercanos, por ejemplo, entre padres e hijos, o hermanos.

INFERTILIDAD: Incapacidad de una mujer para llevar a cabo un embarazo a término. Se diferencia de la *esterilidad*, que es la imposibilidad de embarazarse o de un hombre para embarazar a una mujer.

INTERFERÓN: Sustancia antiviral secretada por cantidades mínimas por una célula afectada por un virus. El uso de interferón es una de las líneas de investigación en el tratamiento del Sida.

L

LABIOS: Parte constitutiva de la vulva, labios genitales femeninos. Los más pequeños e interiores son llamados *labios menores*, y los mayores y exteriores *labios mayores*.

LIBIDO: Impulso o deseo sexual.

LIENDRES: Huevos o liendres que habitan en el vello púbico, producto de una infestación de un parásito variante de la pediculosis (Pediculosis pubis). Por lo general se adquieren por contacto sexual con una persona infectada. Vulgarmente, también llamadas *ladillas*.

LIGADURA DE TROMPAS: Método de esterilización quirúrgica femenina, en la que se cortan y ligan las trompas de Falopio a fin de imposibilitar un embarazo, impidiendo el descenso de los óvulos o el ascenso de los espermatozoides.

LÍQUIDO SEMINAL: Uno de los principales componentes en conformar el volumen del semen. Es producido fundamentalmente por la próstata con funciones nutritivas para los espermatozoides.

LUBRICACIÓN VAGINAL: líquido transparente característico, aparecido en la primera parte de la respuesta sexual femenina y cuando se produce la excitación. Es segregado por las paredes vaginales y facilita la penetración. Es el índice equivalente a la erección masculina.

M

MASOQUÍSMO: Parafilia, forma de comportamiento sexual compulsivo por el cual una persona siente placer solamente cuando otra persona le causa dolor físico.

MASTURBACIÓN: Estimulación de los propios órganos sexuales. La masturbación mutua se produce cuando ambos miembros de una pareja estimulan los órganos sexuales del otro.

MATRIZ: Útero.

MENARCA: Primera menstruación en la vida de una mujer.

MENOPAUSIA: Período de declinación hormonal sexual en la vida de una mujer. Coincide con el cese de la menstruación por ausencia de la estimulación estrogénica del útero.

MENOPAUSIA Y SEXUALIDAD: Alteraciones del deseo sexual atribuibles a diferentes causas. En general relacionadas con el déficit hormonal, pero no excluyente del contexto psicológico, de pareja, etc.

MENSTRUACIÓN: Disgregación mensual del endometrio, que se produce cuando ningún huevo fertilizado se ha implantado en él.

MITO: Relato tipo leyenda, tradicional, creado anónimamente en el seno del pueblo y, por lo tanto, expresión de su sentir colectivo. Es una narración construida y trasmitida a través de generaciones. En esta publicación, utilizamos la expresión mito para referirnos a las falsedades existentes en relación a lo sexual.

MODALIDADES DE PENETRACIÓN: Características intrínsecas de la acción de penetrar, por ejemplo: *suave, moderado, brusco, violento.* Con lubricación natural y/o artificial, etc.

MONTE DE VENUS: Pubis de la mujer.

N

NECROFILIA: Parafilia en la cual se verifica la relación sexual con cadáveres.

NULIGRAVIDA: Mujer que no ha estado nunca embarazada.

O

ORGANOS SEXUALES: Genitales internos y externos que diferencian a los hombres de las mujeres, que incluyen los genitales y las gónadas.

ORGASMO: Etapa más intensa (clímax) de la excitación sexual con sensaciones en extremo placenteras, y que en el hombre incluye por lo general la eyaculación.

OVARIALGIA: Dolor en un ovario.

OVARIECTOMÍA: Extirpación quirúrgica de un ovario.

OVARIO: Glándula sexual femenina que produce óvulos y las hormonas sexuales femeninas (estrógenos y progesterona).

OVARIOCIESIS: Embarazo ovárico.

OVIDUCTO: Trompa de Falopio.

OVULACIÓN: Liberación mensual de un óvulo por uno de los ovarios. El óvulo entra en las trompas de Falopio donde espera la fertilización por parte de un espermatozoide.

ÓVULO: Célula sexual femenina madura del folículo de GRAAF.

P

PAIDOFILIA: Parafília; actividad sexual entre adultos y niños.

PAPANICOLAOU (TEST): Estudio de laboratorio citológico o exudado cervical, utilizado para detectar enfermedades de la vagina o del útero, en especial cáncer del cuello del útero. Se toma una muestra de la mucosa de la abertura del cuello del útero y se realiza un frotis sobre un portaobjetos para su examen al microscopio.

PARAFILIA: Comportamiento sexual compulsivo; el psicoanálisis lo denomina *perversión*.

PASIVIDAD SEXUAL: Ausencia de iniciativa a mantener relaciones sexuales.

PEDERASTA: Actividades homosexuales entre hombres maduros y jóvenes.

PELVIS: Segmento del cuerpo humano que comprende la parte inferior del tronco. En el interior se encuentran la porción final del tubo digestivo y la vejiga urinaria junto a los aparatos reproductores y genitales externos, propios de cada sexo.

PENE: Miembro viril. Genital externo masculino, órgano de la cópula y de la micción, de estructura eréctil, compuesto por los cuerpos cavernosos y el cuerpo esponjoso a nivel del cuerpo del pene y por el segundo solamente a nivel del glande, que es una prolongación del cuerpo esponjoso y rodea a la uretra peneana en todo su trayecto. Esta estructura eréctil esta recubierta por piel, cuya prolongación anterior es el prepucio.

PENETRACION: Acción y efecto de penetrar. En el contexto sexual, acción de introducir el pene en la vagina durante el acto sexual convencional.

PERINEO: Área anatómica romboidal conformada entre el pubis y el coxis, subdividida en posterior (ano) y anterior (genitales). En las mujeres, área de la vulva y vagina. En los hombres, área del pene y escroto.

PERIODO SEGURO: Días del ciclo menstrual de la mujer en los que es menos probable que ocurra un embarazo como resultado del coito.

PERIODO FÉRTIL: Días periovulatorios del ciclo menstrual de la mujer en los que la concepción es posible.

PERIODO REFRACTARIO: Período posterior al orgasmo en el cual, para la mayoría de los hombres y para algunas mujeres, una ulterior respuesta sexual está temporalmente inhibida.

PEYRONIE, enfermedad de: Formación de tejido fibroso denso en el cuerpo cavernoso del pene que ocasiona erección dolorosa; asociada a esclerosis de otras partes del cuerpo; también llamada enfermedad de *Lapeyronie* y *cavernitis fibrosa*.

PEZÓN: Parte saliente del pecho, centrado dentro de la areola, zona de salida de los conductos galactóforos y área de succión para la lactancia del recién nacido. Importante zona erógena que se erecta durante la excitación sexual.

PILDORA ANTICONCEPTIVA: Medicamento anticonceptivo oral que contiene hormonas sintéticas que evitan el embarazo. Ver anticonceptivo oral.

PILDORA "DEL DÍA DESPUÉS": Píldora anticonceptiva que contiene una dosis hormonal muy alta y que puede evitar el embarazo si es tomada hasta 72 horas después del coito.

POLIANDRIA: Matrimonio entre una mujer y dos o más hombres al mismo tiempo.

POLIGAMIA: Que tiene más de un esposo o esposa al mismo tiempo.

POLIGINIA: Matrimonio entre un hombre y dos o más mujeres al mismo tiempo.

POLUCIÓN NOCTURNA: Eyaculación involuntaria durante el sueño, frecuente durante el desarrollo sexual (adolescencia) y asociada a muy escasa actividad sexual en el adulto.

PORTADOR: Individuo que no presenta síntomas de enfermedad pero retiene en su cuerpo microorganismos infecciosos y contagia a otras personas.

POSICIONES SEXUALES: Distintos modos de relacionarse la pareja entre sí, en general referido a la penetración durante el acto sexual.

POSTIOPLASTIA: Cirugía plástica del prepucio.

PREPUCIO: Pliegue cutáneo retráctil, que cubre el glande en el extremo del pene.

PRESERVATIVO: *ver Condón.*

PROGESTERONA: Hormona sexual femenina producida por el cuerpo amarillo del ovario, después de la ovulación; y que prepara al útero para recibir y sustentar un eventual huevo fertilizado. De no suceder esto, se agota la secreción del cuerpo amarillo en aproximadamente 15 días y sobreviene una menstruación.

PRÓSTATA: Órgano de carácter glandular por su función que rodea el cuello de la uretra a su salida de la vejiga urinaria en los varones. Segrega una sustancia que nutre al espermatozoide. Glándula que rodea la uretra del hombre y bloquea la salida de la vejiga evitando que salga orina mientras el pene está erecto y produce uno de los principales componentes del plasma seminal.

PROSTITUTA(O): Persona que brinda servicios sexuales a cambio de dinero.

PUBERTAD: Comienzo de la adolescencia, período de desarrollo sexual secundario, durante el cual el niño comienza a eyacular y la niña comienza a menstruar.

PUBIS: Porción anterior del hueso coxal en la parte inferior del abdomen, que forma un triángulo entre los dos muslos, cubierta de vello en los adultos.

PUNTO G: El punto Grafenberg, pequeña área dentro de la vagina que responde en especial a la estimulación.

Q

QUISTE: Cavidad o saco cerrado que contiene un material fluido o semisólido.

R

RECTO: Extremo distal del intestino grueso, ubicado después del colon sigmoideo y que finaliza en el ano.

REINFECCIÓN: Segunda infección por el mismo agente después del restablecimiento o durante la evolución de la infección primaria.

RETROVIRUS: Virus cuyo material genético está compuesto de ARN, pero que dentro de la célula se transcribe en ADN mediante una enzima específica, la *transcriptasa inversa*. El virus del Sida (VIH o HIV) es un retrovirus.

S

SADISMO: Comportamiento sexual parafílico, por el cual una persona siente placer sexual al infligir dolor a otra.

SADOMASOQUISMO: Forma de comportamiento sexual por el cual una persona siente placer en una variable combinación de sadismo y masoquismo. Véase también *Sadismo, Masoquismo*.

SEMEN: Mezcla de espermatozoides y líquido seminal eyaculado durante el orgasmo.

SEROTONINA: Neurotransmisor controlador del deseo.

SEXO GRUPAL: Número mayor que dos, de personas que entre sí realizan variadas actividades sexuales al mismo tiempo.

SEXO ORAL: Utilización de la boca y lengua para estimular los genitales de una pareja. Llamado también sexo *oralgenital*, incluye el *cunnilingus* y la *fellatio*.

SEXO SEGURO: Formas de actividad sexual que tienen un nivel relativamente bajo de riesgo de adquisición de una enfermedad de transmisión sexual por la utilización de preservativo (especialmente Sida).

SIDA (síndrome de inmunodeficiencia adquirida): Enfermedad causada por el virus de inmunodeficiencia humana (HIV); en la que el cuerpo pierde su capacidad de defenderse frente a las enfermedades infecciosas.

SIFILIS: Enfermedad de transmisión sexual causada por una bacteria (Treponema Pallidum).

SÍNDROME: Asociación (conjunto) de síntomas y signos que pueden servir de denominador común de ciertas enfermedades. Por ejemplo, el síndrome de inmunodeficiencia constituye la esencial del SIDA, pero puede ser encontrado en cuadros diferentes, tales como las enfermedades congénitas (inmunodeficiencia congénita), tumoral (leucemia) o medicamentosa (tratamiento inmunodepresor de los injertados).

SISTEMA LIMBICO: Organización de neuronas, fibrillas nerviosas e intermediarios químicos situados en la intimidad del cerebro muy próximo a la hipófisis y al hipotálamo. Se considera este sistema, como el *corazón* de las emociones. Desde allí, se gobiernan en forma automática e involuntaria, todas las funciones digestivas, de secreción, del metabolismo hídrico, de presión arterial y venosa, así como la ira, el enojo y la agresividad en general. Hay centros límbicos que, excitados experimentalmente, provocan deseo sexual y diferentes reacciones vinculadas con el erotismo.

SISTEMA REPRODUCTOR: Aquellas partes del cuerpo humano, cualquiera sea el sexo y directamente relacionadas con la reproducción.

SODOMÍA: Coito anal.

SWINGER: Anglicismo reconocido y usado internacionalmente para identificar a las personas, grupos de personas, parejas o locales relacionados con el intercambio de parejas.

T

TEMPERATURA BASAL DEL CUERPO: Temperatura normal del cuerpo humano en condiciones basales, por la mañana antes de levantarse y medida siempre en un mismo sitio (bucal, rectal por ej.). La temperatura basal del cuerpo de la mujer se eleva justo después de la ovulación, así que la lectura cotidiana puede detectar el momento en que ha ovulado y utilizar ese dato en el método de control natural de la natalidad. Ver *método de la temperatura basal*, en el capítulo correspondiente.

TERAPIA DE REEMPLAZO HORMONAL: Utilización de hormonas naturales o sintéticas para contrarrestar algunos de los efectos de la menopausia, por ejemplo la sequedad vaginal.

TESTÍCULOS: Glándulas sexuales masculinas situadas en el interior de cada bolsa escrotal, que producen espermatozoides y hormonas sexuales.

TESTOSTERONA: Hormona sexual masculina por excelencia, producida por los testículos. Es responsable de la conducta sexual y de las características sexuales secundarias masculinas. La testosterona también se produce en las glándulas suprarrenales de hombres y mujeres, y en éstas es en parte responsable de la conducta sexual femenina.

TIEMPO REFRACTARIO INTERORGÁSMICO: Periodo de tiempo variable para cada individuo y sexo, en el cual esta imposibilitado de obtener otro orgasmo.

TRANSEXUAL: Personas sometidas a una operación de cambio de sexo. Hombre o mujer que siente que en realidad es un miembro del sexo opuesto atrapado en un cuerpo equivocado.

TRAVESTI: Persona que tiene una fuerte compulsión a vestirse con ropas del sexo opuesto. Muchos travestis necesitan realizar esto último para poder gozar la actividad sexual. Es más frecuente en varones.

TRICOMONIASIS: Infección de la vagina, con frecuencia transmitida sexualmente.

TROMPAS DE FALOPIO: Órganos que conforman parte de los genitales internos femeninos. Son túbulos que conectan la zona periovárica con el útero y en las que ocurre la fertilización de los óvulos o concepción.

U

URETRA: Conducto que transporta la orina desde la vejiga al exterior. En los hombres, la uretra también es el canal a través del cual se eyacula el semen.

URETRITIS: Inflamación de la uretra causada por una infección habitualmente bacteriana.

UTERO: Matriz, órgano genital interno de la mujer en el que se deposita el óvulo fertilizado y se desarrolla el embrión

V

VAGINA: Órgano de la cópula en la mujer. Conducto corto, húmedo y suave entre la vulva y el cuello del útero, en el cual se introduce el pene durante el coito.

VAGINITIS: Inflamación de la vagina habitualmente bacteriana o micótica (hongos).

VASECTOMÍA: Método de esterilización quirúrgico masculino, en el que se cortan y ligan los conductos deferentes a fin de que los espermatozoides no puedan pasar y llegar al semen.

VELLO PUBICO: Pilosidad o vello alrededor de los genitales, en la zona pubiana.

VERRUGAS GENITALES: Pequeñas excrecencias papilares o verrugas, sobre o alrededor de los genitales. Pueden ser verrugas vulgares, o condilomatosas (virales) transmitidas sexualmente.

VESÍCULA SEMINAL: Glándulas que conforman pequeñas bolsas situadas por detrás de la próstata, que descargan el líquido seminal en la uretra.

VIBRADOR: Dispositivo que opera a pilas, por lo general con forma de pene, que vibra y es utilizado para estimular el clítoris o la vagina.

VIOLACIÓN: Relación sexual llevada a cabo por la fuerza, sin mediar consentimiento por parte de uno de los integrantes de la pareja.

VIRUS: Agente infeccioso (microbio) responsable de numerosas enfermedades en todos los seres vivos. Son partículas extremadamente pequeñas y, que a diferencia de las bacterias, no se pueden mantener ni multiplicar sino es como parásitos de una célula viva.

VOYEURISMO: Parafilia, forma compulsiva de comportamiento sexual en el cual una persona (por lo general un hombre) siente placer al mirar las actividades sexuales de otras personas, o al mirar a otros desvestirse. También llamado *escopofilia*.

VULVA: Órgano sexual externo de la mujer, puerta de entrada a la vagina.

Z

ZONAS ERÓGENAS: Aquellas partes del cuerpo que son especialmente sensibles a la estimulación sexual (genitales, zona mamaria, etc.).

ZOOFILIA: Comportamiento sexual parafílico que comprende el contacto sexual con animales.

BIBLIOGRAFÍA

BLECHER, Edward: *Investigadores del sexo*, México, Grijalbo, 1973.

BLEICHMAR, Hugo: *Introducción al estudio de las perversiones*, Buenos Aires, Helguero, 1976.

KINSEY, A., W. POMEROY; C. MARTIN y P. GEBHARD: *Conducta sexual de la mujer*, Buenos Aires, Médico Quirúrgica, 1954.

KOLODNY, R.; W. MASTERS y V. JOHNSON: *Tratado de Medicina Sexual*, Barcelona, Salvat, 1983.

SIRLIN, L.: *Diccionario sexológico*, Buenos Aires, Caymi, 1973.

Artículos y Ponencias

BERTOLINO DEPRATTI, Maria Victoria: "Disfunción sexual femenina", en *Revista de la Sociedad Argentina de Sexualidad Humana*, 17, núm. 1 (oct. 2003).

Artículos

MESTON, Cindy M.: "Validation of the Female Sexual Function Index (FSFI) in women with female orgasmic disorder and in women with hypoactive sexual desire disorder", en *Journal of sex and marital therapy*, 29, núm. 1 (Jan-Feb 2003), 39-46.

MESTON, Cindy M.: "Derogatis LR. Validated instruments for assessing female sexual function", en *Journal of sex and marital therapy*, 28, núm. 1 (2002), 155-164.

ROSEN, R.; C. BROWN; J. HEIMAN, S. LEIBLUM, C. MESTON, R. SHABSIGH, D. FERGUSON; R. Jr. D'AGOSTINO: "The Female Sexual Function Index (FSFI): a multidimensional self-report instrument for the assessment of female sexual function", en *Journal of sex and marital therapy*, 26, núm. 2 (Apr-Jun 2000), 191-208.

LERER, Maria Luisa: "Sexualidad femenina", *PSICOLNET* Newsletter No. 58 (1999), Año II.

MESTON, Cindy M.: "Validation of the Female Sexual Function Index (FSFI) in women with female orgasmic disorder and in women with hypoactive sexual desire disorder", en *Journal of sex and marital therapy*, 29, núm. 1 (Jan-Feb 2003), 39-46.

MESTON, Cindy M.: "Derogatis LR. Validated instruments for assessing female sexual function", en *Journal of sex and marital therapy*, 28, núm. 1 (2002), 155-164.

MONEY, John: "Pediatría, sexología y salud sexual en la infancia". Ponencia presentada en el XI Congreso Mundial de Río de Janeiro, del 1al 5 de junio de 1993, Brasil.

ROSEN, R.; C. BROWN; J. HEIMAN, S. LEIBLUM, C. MESTON, R. SHABSIGH, D. FERGUSON; R. Jr. D'AGOSTINO: "The Female Sexual Function Index (FSFI): a multidimensional self-report instrument for the assessment of female sexual function", en *Journal of sex and marital therapy*, 26, núm. 2 (Apr-Jun 2000), 191-208.

Índice

Este libro se termino de imprimir
en Junio de 2008
Gral. Vedia 280 (1872) - Avellaneda
Buenos Aires - Argentina
4204-9013

Tirada 2000 ejemplares